从 1 到 100 的管理实践

通向管理自由之路

陈鑫 著

推荐序一

陈鑫先生作为从业多年的国内知名企业管理咨询专家，出了一本新书《通向管理自由之路》，要我帮他写序言。本书既凝聚了作者对创业者服务过程的思考，也有对创业成败管理方面的总结，还无私地分享了大量的创业案例，为创业者在创业的各个阶段的成长提供良方。从而帮助创业者了解到如何从所有事情上的亲力亲为到信任放权，如何从个人的财务自由、对个人成功的追求，过渡到社会价值的创造和帮助更多的人成就梦想上。这本书也是作者在 20 多年的管理顾问生涯中，为超过 500 家中小企业提供专业管理培训与咨询服务的心得体会。

"路漫漫其修远兮，吾将上下而求索"，人们对于创业管理领域的探索是无止境的。作者曾在 2008 年参与编写创业咨询师教程并为数以千计的创业者提供了辅导培训。三年后作者调查发现那些初创企业能活下来的只有当初的 5% 不到，95% 的创业企业都死掉了。这一现象给作者带来了巨大的震撼，让他感到了帮助创业者成长和创业企业壮大的责任。于是，他潜心研究后提出了一整套完整的从 1 到 100 的管理实践的步骤。

作者创造性地提出了中小企业组织发展的 5 个阶段，从混沌到清晰，从无序到有序，受益终生的思维方式，让人最终走向管理自由，其方法简单高效实用。在书中作者还导入了管理范式，管理范式就是企业家们用以解决实际问题的、大家能够接受的规则体系。新时代的管理新范式与传统管理范式有着根本性的区别。新时代的管理新范式组织结构为网状，组织功能为协调、控制、服务、创新，主导战略和思想为多样化和柔性化。

作者提出了创业者要谋定而动，就是先明确创业的发展方向、商业模式、管理团队、核心技术与资源优势等，然后进行未来 3 至 5 年的财务测算。他引用了孔子讲的"敏于事而慎于言"。世界上 90% 的人都是"直觉性"思考，而只有 10% 的人具备清醒思维，清楚地知道自己想要什么，知道自己每一次行为的缘由和目标，知道能达成的结果。优秀的企业管理者都是从问"Why"开始的。他们思考问题时，往往会循着"为什么—做什么—怎么做"这一思维路径。在事情开始时，他们就非常清楚自己"为什么要这样做"，并能因此产生源源不断的动力和激情，最终达成目标。

作者用很大篇幅描述管理体系建设和营销管理体系构建。企业发展靠系统——跨越无序是核心。企业要考虑三件事：1. 企业的使命是什么？ 2.愿景在哪里？ 3.价值观如何呈现？

此外还要考虑到四个问题，也是对上面三件事的解释：1.我们为什么要办企业？ 2.我们给谁提供什么样的商品和服务？ 3.我们的长期目标是什么？ 4.我们如何去做？以上方法对企业的发展很有帮助，但真正要做好却没那么容易。非得做成一套系统或体系不可（如华为基本法等）。系统包括公司及每个部门的流程、政策、制度、绩效、薪酬等。企业改革系统的过程也被称为"企业变革期"。建立系统，是用流程、管理、技术改造旧习惯的过程，更是改造人们观念的必经之路。当创业者自己看得见未来的时候，往往是大多数人反对、不理解的时候，这时如何让企业坚定有序地（用系统和体系）把战略走下去显得尤为重要。

过去几十年的认知心理学和脑神经研究，都得出一个结论：我们生活在互联网时代，大脑仍停留在旧石器时代。真正的高手，是能把理性练成直觉，用理性去发挥我们直觉的最大价值。中国是未来10年全球发展机会最多的国家，在100年才一次的"冬天"创业是最有意义的事情。

钱学森认为混沌是宏观无序、微观有序的现象。安妮·拉莫特认为信念的反面不是怀疑，而是不确定性。认知和创新，恰恰是简单有序性的反面，是一种复杂的有序性，一种从混沌和混乱当中提炼出来的有序性。当我们用手做事，就是凭感觉、直觉、感情和情绪做事，没有目标、没有计划，见子打子；用脑做事，深谋远虑，大处着眼，小处着手，步步为营，缜密周到；只有用心做事，无论何时何地都坚持自己的理想和信念，毫不动摇，绝不屈服，才能知其不可为而为之。面对数字时代应"求知若渴，谦卑若愚"，要保持适度探究的好奇心，永远留出一份注意力，环顾四周，寻找新机会，这不仅是一次学习，也是一场修行，真正的创新或认知正是在这种适度的秩序或者是有序与无序的灰度地带中摸索而来的。

我希望本书能给读者带来一丝触动，一窥为创业者在创业的各个阶段的成长提供最佳方案的倩影，展示创业者所面对的一系列问题和解决方法。一旦这种思维进入您的大脑，它将带来翻天覆地的思维变革，令您拥有独特的视角去看待事物。我想把这个方法告诉您，您也能把这个方法告诉您的朋友、同事、同行。

共勉。

国策智库专家
李德伟　中国贸促会商业行业委员会管理咨询与培训委员会总干事
中国管理咨询师联盟上海分会会长
中国创造协会创新创业创造专业委员会副秘书长

推荐序二

陈鑫先生的新书《通向管理自由之路》即将出版,朋友知道我创业20年,一定会很有心得与共鸣,故请我为此书作序。本来,我是为了写序开始阅读此书的,但读着读着,却被作者对创业全过程及创业者的心路历程所做的深入浅出的分析与案例分享所吸引。作为一名创业路上的老兵,我似乎是经历了作者所描述的多个阶段,不禁感慨创业之初为何没能遇上这样一本能让我学习与参考的好书。

如作者所说,创业的确是场马拉松,我甚至觉得是场没有终点的马拉松,而对于创始人来说,更是在做一份无法辞职的工作,所以,能够一开始就对创业过程有个清晰的认识,对可能遇到的机会、挑战、不确定性,以及成功或失败有合理的认知与预期,特别是通过对他人经历和经验的分析所得到的启迪,注定将会让自己少走弯路,也会更加坚定创业的信念与信心。

作者从创业的5个阶段,讲到对创业者的5个忠告,再讲到领导力的最高境界"爱",既有高屋建瓴的理论依据,又有翔实的案例分析,对于作者在结尾部分所引用的大仲马小说《基督山伯爵》里所叙述的那句话我特别能感同身受——人类的一切智慧是包含在这四个字里面的:"等待"和"希望"。

无论你最初的想法是创造自己的财务自由,还是要实现自己的一个愿望抑或是要改变世界,最终能支持你走下去的一定是你的产品和服务在为客户,进而为这个世界创造价值,你才会被持续需要;而你自身的学习能力、创新能力与管理能力,决定你是否有资格继续提供这样的产品与服务。

创业是条不归路,更是希望之旅,唯有爱与希望能让我们战胜所有困难,看尽沿途风景,享受痛并快乐着的创业过程。祝福所有的创业者!

胡超
乐友孕婴童创始人兼 CEO

自 序

创业掘金，道路艰辛。

如果说"一夜暴富"的网络传说是草根们的兴奋剂，那创业者创业成功的范例对大多数人来说绝对是一碗"毒鸡汤"。

其实，财富与成功的光环背后隐藏了太多的危机与陷阱。

2008年，我受国家人力资源和社会保障部的委托，参与编写创业咨询师教程并为数以千计的创业者提供了辅导培训。三年后，调查发现：那些初创企业能活下来的只有当初的5%不到，95%的创业企业都死掉了。

创业不易，存活更难。

每天疲于奔命的打工族，总是会幻想当了老板后可以高枕无忧，脑海中想象着成功者的生活，那必定是开奔驰、宝马，穿笔挺的西装和锃亮的皮鞋，器宇轩昂，走路带风，见者无不羡慕。

不！以上都是不知真相的人脑补的画面，创业者真实的状态与此截然不同。在创业失败的案例中，有 8% 的创业者因为过度劳累而失败，他们常常不能平衡工作和生活，全天都要考虑工作上的事，即便如此，企业不仅没能获得成功，有的创业者还把自己的生命给搭了进去，这样的例子屡见不鲜。

2010 年，江民杀毒软件创始人王江民心脏病突发，抢救无效去世，享年 59 岁。

2016 年，苏州金龙总经理吴文文，因为工作压力患上了严重的抑郁症，最后跳楼自杀，年仅 46 岁。

2018 年，"80 后"创业的领军人物茅侃侃，因为创业失败于家中烧炭自杀，年仅 35 岁。

2019 年 6 月，比特易的创始人惠轶在办公室自缢身亡，年仅 42 岁。

创业就像一条不归路，小米的创始人雷军曾说："一旦选择创业，就选择了一个无比痛苦的人生，压力、困惑，别人不理解甚至看不起，真正能走向成功的只是少数，绝大部分创业者都成了铺路石。"

那么，作为一个创业者，为何活得如此艰难，还是要选择创业？

从 1998 年开始为中小企业做管理顾问，我陆续问过超过 500 名创业者这个问题，其中既有由小做大的成功榜样，像食品连锁企业"好利来"，上市公司"禾丰牧业"；也有历经反复、风雨飘摇的百货巨头兴隆大家庭。这些创业者不论成功还是失败，选择创业的理由竟出奇地一致，那就是对自由的渴望。

何谓创业者心中的自由？

这自由是创业之初，创业者要挣脱金钱的枷锁，所追求的财务自由；更是企业成熟期，创业者要摆脱繁杂管理的束缚，所追求的生命的自由。

创业者经历的这个追求自由的旅程，我称其为"通向管理自由之路"。

世界上没有任何一本书能让所有创业者成功，这本书也不例外，但我确信它绝对可以帮助创业者在追求成功的过程中少走弯路。这本书呈现了创业成功必经的四个阶段，在六个章节中用实际的案例对每个阶段的管理模式进行了分析，内容包含丰富实用的管理方法与创意，不仅可以提醒创业者如何避开"雷区"，也可以启发创业者结合自身企业需要，将此专业管理模式应用于不同领域的企业中，切实帮助创业者尽早实现财务自由，踏上管理自由之路，从而实现生命的自由。

成功的创业者，一定会经历初创期的茫然无助到企业成熟期的得心应手，这也是不断学习、不断提升的过程。在多年为中小企业咨询的管理实践中，面对企业组织不断变革与改善的需求，我设计了如"通向管理自由""促销的七种武器""品牌高地"等管理模型与营销工具。它可以让创业者无须再用经历试错或实验猜测来换取宝贵经验。无论是组织发展、绩效管理、品牌创新，乃至决策管理等方面，本书所提出的管理思想及管理模式都曾帮助过许多创业者极为有效地解决了管理难题，并提供了系统的思考方法。

做管理咨询工作时间久了，有幸与很多成功的企业家接触，慢慢发现，其实大多数成功的企业家无异于普通创业者，甚至有些人的能力与智慧远不如普通创业者；但是看似普通的他们却具备常人没有的勇敢、坚定、乐观、永不言败的精神，以及从不间断的学习自觉性。

从整理资料、遴选案例、布局谋篇到最终出版，本书的问世同企业的从无到有，攻坚克难，进而发展壮大，有着气韵上的通感。在此，特别感谢为本书付出心力并提供专业化建议的各位朋友，王娜、丁丹怡、张彦林、刘淦莹、吴琳琳、高玉波、荀伟，正是他们的热心与辛勤付出让这本书得以如期和读者见面，并为之增色不少。

耐克创始人奈特曾说："懦夫从不启程，弱者死于路上，只剩我们继续前行。"

成功的秘密也许就在于此。

目 录

第一章
通向管理自由之路

01　从财务自由到管理自由　……003

02　通向管理自由之路　……007

03　文化与管理——"人不忍欺"的窘境　……017

04　管理与人性——如何设计薪酬　……021

05　如何提高组织效率　……026

06　为什么用传统的管理方法，留不住高薪聘请的人才　……032

07　教育也是生产力　……037

第二章
创业初期无管理 —— 走出混沌无序

01　走出混沌无序　……043

02　企业家的社会责任　……049

03　结硬寨，打呆仗　……053

04　创业者的枷锁　……057

05　无中生有　……062

06　谈判技巧　……065

07　一吻定情——销售成交的秘诀　……069

08　如何将销量翻倍　……072

09　促销的七种武器　……076

第三章
创业稳定找方向 —— 攻克混沌有序

01　攻克混沌有序　……085

02　破冰决策难局　……089

03 基于业务增长的战略眼光 ⋯⋯ 094

04 赚了一千万就成功了吗 ⋯⋯ 098

05 做大做强还是做久做细 ⋯⋯ 102

06 隐形冠军之路 ⋯⋯ 106

07 企业的中年危机 ⋯⋯ 110

08 有意义的偶然 ⋯⋯ 114

09 战略性的计划 ⋯⋯ 118

10 中小创业者的五条忠告 ⋯⋯ 122

第四章

企业发展靠系统——跨越清晰无序

01 跨越清晰无序 ⋯⋯ 129

02 管理体系建设系列——职业经理的迷失 ⋯⋯ 134

03 管理体系建设系列——能人不能 ⋯⋯ 139

04 管理体系建设系列——是绩效问题吗 ⋯⋯ 142

05 管理体系建设系列——年终奖怎么发 ⋯⋯ 147

06 管理体系建设系列——如何败中取胜 ⋯⋯ 150

07 营销管理系统——建立品牌的高地理论 …… 154

08 营销管理系统——占领品牌高地 …… 158

09 营销管理系统——打造品牌欲望模型 …… 163

10 营销管理系统——品牌管理 …… 167

第五章

管理高效靠践行 —— 稳渡清晰有序

01 稳渡清晰有序 …… 173

02 雇主品牌 …… 176

03 问题背后的问题 …… 180

04 创业者的努力与坏效果 …… 183

05 小经销商如何逆袭完成 5 亿营收 …… 187

06 不用绩效，他如何节省 700 万 …… 191

07 种瓜未必得瓜 …… 193

08 创业者如何面对危机 …… 196

09 如何在决策中做好系统思考 …… 200

第六章

终极目标——信念：管理自由靠授权

01　管理自由之企业传承 …… 207

02　给了股份就是自己人吗 …… 212

03　领导力的最高境界 …… 216

04　马云的赌约 …… 221

05　唯有创新 …… 224

06　创业者信念 …… 228

07　战胜恐惧 …… 233

08　在困境中，我们选择希望 …… 237

1

第 一 章

通向管理自由之路

01
从财务自由到管理自由

本书中涉及的管理自由大致分为两种,一种是个人的管理自由,另一种是企业的管理自由。后者是本书讨论的重点,但在这之前,我们还有必要先谈谈个人的管理自由。往前推一步,它的前一个阶段,就是我们通常说的财务自由。

很多朋友很关心财务自由这件事。通俗地讲,财务自由就是不管是否用创业的方式,也要赚到足够多的钱,可以想买什么就买什么,满足我们的欲望。

那怎么能赚到足够多的钱呢?

大家先要了解一个很重要的概念,就是营业外收入。比如你在一家公司打工,那么你赚的工资是营业收入,你投资股票、房产的收益,拥有其他公司股权获得的分红,这些收入叫营业外收入。

如果营业外收入大于你的营业收入,那么你基本上就可以做到财务自由了。

财务自由有什么好处？就是你想去哪就去哪，想买什么就买什么。可是很多人获得了财务自由之后，身心并不自由。

有一个美国人，名字叫作辉德克，他的经历非常传奇。他在2002年圣诞节的时候，心血来潮买了100美元的强力球彩票，竟中了3.14亿美元，上完税，还剩两亿多美元。他刚开始还很冷静，用1400万美元建立了一个慈善基金，希望为农民、贫苦人提供福利保障。可是好景不长，因为克制不了对巨额金钱的欲望，他整天沉迷于夜总会与赌场之间，慈善基金也没办法管理，不久就被强制关闭了。6年之后，他的一些家人，比如说他的孙女，因为吸毒过量去世，他的女儿也意外死亡。他自己则从亿万富翁变成欠赌场150万美元还不上，欠夜总会80万美元也还不上，最终生活破败，很凄惨地活在被救济的边缘。

我们看到很多人获得了财务自由(例子中的主角是以非创业的方式获得的)，却无法管住自己的身心，所以我们还需要有一种管理自己的自由，叫作个人的管理自由。

个人的管理自由其实最主要的核心是跟财务自由相反的。

财务自由追求的是我想做什么就能做什么，我想买什么就能买什么。而个人的管理自由，追求的核心是我不做什么就坚决不做，我不买什么就坚决不买，敢于说"不"是更高级的自由。

有句话说"能戒才有真自由"，同样，自律也是管理自由的核心。

就个人而言，想要达到管理自由可考虑以下两个方面，第一是行为的约束，第二就是内心的修炼。

什么叫行为的约束？我们知道，如果我们要进行一场完美的演出，需要长时间严格的训练，这样在舞台表演的时候才能挥洒自如，正所谓台上一分钟，台下十年功。

哪怕天才也不喜欢枯燥的训练。我曾经认识著名钢琴家郎朗的一位童年的朋友，他说郎朗的父亲对郎朗非常严格！郎朗小时候也没少因为练琴问题挨揍（方法不建议）。

实际上，大多数的人只有通过不断学习、不断练习、不断获得成就、不断掌握新技能、不断被人认可，他才会产生热爱。这些都需要足够长的时间上的行为训练，需要严于律己。如果行为上不刻意练习，光靠主观的感受，一个人在他从事的领域是很难变得自如与洒脱。所以管理上的自由，首先是在行为上对自己进行约束，并进行训练。

至于内心的修炼，是因为人的内心除了向往美好、追求真善美之外，有的时候也会非常贪婪，超级懒惰，这些顽疾会左右我们的行为。

明朝大儒王阳明讲过一句话，所谓破山中贼易，破心中贼难。我们内心住着一个"小我"经常会发出一些异样的声音，就像你信誓旦旦要早起健身时，每当清晨床头的闹钟响起，你脑海中那个声音就会说："再多睡五分钟吧。"这样的事会困扰你好久，除非你信念异常坚定，否则目标永远无法达成。所以一个人要不断地修炼自己的内心来强化信念，战胜"小我"的惰性。

自由对于每个人都非常重要，如果我们只追求财务自由，那么只是在表象上、物质上获得了短暂的快感,可是如果对自己的行为内心不加以约束,你将痛失你的朋友、时间甚至生命,人若赚得全世界,赔上自己的生命,又有什么益处呢?

每一位企业家都是企业的灵魂和领袖,个人的管理自由实现的程度如何,直接影响着企业管理自由的成败。让我们每个人从修炼内心、学会自律开始,在自我管理中获得真正的自由,同时把这种高级的自由分享给企业中的每一个人。

02
通向管理自由之路

创业绝对是一场马拉松式的长跑。创业者如果想在这场比赛中胜出,就需要了解企业成长的每个阶段的特点与对策。

大多数创业者最开始的愿望与打工者没什么两样,很简单——赚钱,实现财务自由。当企业越做越大,个人实现了相对的财务自由后,却发现赚钱很不好玩!创业者们继续带领公司奔着福布斯排行榜拼命,却始终难逃公司繁杂的事务和被员工"绑架"的命运,从最开始像婴儿般呵护的企业却反过来像怪兽一样吞噬着自己:没精力、没健康,只有责任。"世界很大,我有钱,却无暇去看看。"创业者在达成相对的财务自由后,怎样实现清晰、有序的管理自由?一个创业者完成财富积累之后,如何成就他人、服务社会,自己得到真正的解放?

企业的发展,事业的成功,必然伴随着管理的变化。就如一只昆虫,不同的成长阶段有不同的状态。

蜜蜂、家蚕等昆虫的发育要经过受精卵、幼虫、蛹、成虫四个时期，而且幼虫和成虫在形态结构和生活习性上有明显的差异，这样的发育过程叫完全变态。图1.1为家蚕的完全变态发育过程。

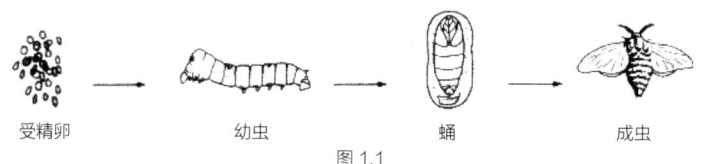

受精卵　　　　幼虫　　　　蛹　　　　成虫
图1.1

我将中小企业成功的发展状态，在成长期划分成四个阶段（图1.2）：

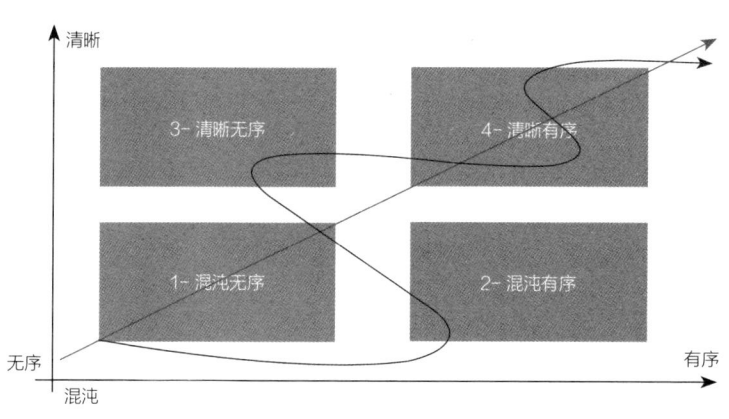

图1.2

不同的企业在不同的发展阶段，采用的管理范式亦会不同。

第一阶段——野猪型

大多数企业在创业之初就像野猪一样横冲乱闯，没有明确的战略，也没有有效的经营手段，只凭勇气与蛮力。输赢靠运气，长期在困境中挣扎。

组织形态：混沌无序。企业没有清晰目标，组织管理也比较混乱，一人多职，多人一职；经营上缺少盈利模式，销售缺少体系、方法，做事往往一窝蜂。团队工作效率低，工作结果差。在创业者眼中没有管理体系，只有销售业绩。一般而言，创业初期的中小企业主大多如此。

管理者画像：为求生存，创业者扮演救火队队员的角色，疲于奔命，四面出击。这时候的创业者被戏称为是销售兼司机、库管加会计。

管理范式：现金为王求稳定。让企业活下来是创业者此时第一要务，现金流是生存血脉。就管理而言，最重要的是现金收入要融资、销售两手抓。创业者可以去繁从简，把什么可以做、什么不可以做明确出来；全力以赴做销售，增加企业现金流，靠销售带动全面管理。

警告：此时效率第一，以结果为导向；切忌管理烦琐，本末倒置。

第二阶段——狗熊型

这一阶段的企业像走进了玉米地的狗熊，掰一穗扔一穗。经营中以赚钱为导向，总是想找到最好的；往往被眼前的利益迷惑，忽视长期战略，团队疲于奔命。

组织形态：混沌有序。组织拥有较强的业务能力，分工明确，赚钱有术；可由于对未来发展不明确，团队留不住人才，发展总突破不了瓶颈。

管理者画像：创业者在这个阶段是解决问题的高手，但由于不断地转换跑道，往往以忽略长期规划，依靠短期项目和超负荷的工作来获得收益。此时,创业者虽能赚到钱,却常常深陷恐惧,不知如何持久盈利。创业者到了这个阶段往往表现为管理有办法,发展没方向。

管理范式:创业稳定找方向。在能生存的前提下,创业者要学会断舍离,做到君子有所为,有所不为,对公司业务进行全面的战略梳理,以寻找未来的可持续发展的路径。在管理方式上要从方法思维转为战略思维。

警告:此时既要低头做事也要抬头看天,切忌一味只关心赚钱方法,错失发展机遇。

第三阶段——老虎型

老虎是独来独往的动物,处于该阶段的企业战略清晰,战术无序。就像和群狼交战的老虎一样,好虎架不住群狼,虎虽有清晰的目标,但是没有方式方法,很难取胜。

组织形态:清晰无序。这个阶段的组织更像列脱轨的列车,创业者的想法与组织表现是割裂的。往往是上传不能下达,新战略与老的管理体系不匹配,经常选择"时髦"的管理模式,却没有任何一种管理模式能坚持三个月以上,使企业变得只喊口号,没有行动,团队觉得没前途,企业效率又回归低下。企业发展进入到最危险的阶段。这种影响往往促使创业者动摇,令组织发展倒退甚至崩盘。

管理者画像:这时创业者的角色是孤独的巨人。创业者好像自己明确了公司发展方向,能做到高瞻远瞩,但核心团队习惯于过去的行为模式,不能及时跟上节奏,导致上下脱节。面对团队的迷茫、怀疑、不被理解，创业者往往有孤掌难鸣的感觉。创业者在这个阶段的表现为有想法，没办法。

管理范式：创业发展靠系统。变革期的管理重点叫流程再造。创业者要坚定信念，不断明确战略目标，加强核心团队的沟通与培训，建立与员工的共同愿景，选择一种适合自己企业的管理模式坚持走下去，在过程中不断修正流程系统而不是不断否定。要有耐心，要了解建立一个新的系统是自我破碎，从零到一的过程，知道好事多磨的道理，要自上而下统一团队的思想和行为。

警告：此时切忌在没有形成有效的管理体系时，只聘请"空降兵"，或频繁更换管理方法，这些都会导致系统崩溃，使企业面临倒退危机。

第四阶段——战狼型

处于该阶段的企业战略清晰，战术有序，就像狼群捕猎分配的故事一样，伴随猎物体型大小的不同和捕猎频率的不同，狼群还会有饥一顿饱一顿的情况，在企业当中就是效能的高低之分；度过这个阶段，创业者离管理自由就不远了。

组织形态：清晰有序。企业发展到这个阶段，不仅需要领导者英明的指挥，更需要团队作战，需要组织中的每一个成员都有进取心，需要团队成员有高度的组织性、纪律性，可别着急，第四阶段又可细分为以下几种情形：

（1）低效能情形：管理学管这个阶段叫模塑的过程，就像水要冻成冰块儿就必须放在模具里冻上一段时间才能成型一样。由于尝试建立新的管理系统需要适应的周期较长，团队成员尚不能熟练掌握，这些因素可能会导致管理系统建立初期的效果不明显，甚至效率低于原有体系。

管理者画像：这时创业者更像是劳模，任劳任怨，冲锋在前，享乐在后。他们也会面对团队的质疑，承担很大压力，常常怀疑自我。

管理范式：管理高效需要践行。在企业管理系统形成初期，创业者既要坚持战略方向，又要聚焦执行力，毕竟细节决定成败；坚持团队学习，定期深度交流，总结发展经验，不断加强信心，稳步提高效能，共同优化流程。创业者必须身体力行，此时建立学习型组织至关重要。

警告：这时企业也会面临很多管理风险。管理体系稳定下来需要很长一段时间，创业者此时切忌以为天下大吉，盲目追求管理自由，急于做"甩手掌柜"，否则后果是致命的！

（2）高效能情形：在后期发展阶段公司的目标清晰，发展有序，企业运行效率高。企业通过加强公司治理与团队领导力自身不断更新，逐渐找到适合自己的管理系统，团队中的大多数成员都能依靠流程与系统有序工作并具备能独立解决复杂问题的能力，企业不再依靠少数几个管理领袖。

管理者画像：创业者这时的角色是一个教练，最重要的任务是完成从运动员到教练员的转化过程，学会培养人与适时授权。

管理范式：持续践行稳定系统。拥有有效执行的管理系统后，创业者可以通过加强公司治理、股权改造、绩效管理，激发团队领导潜力。在保证公司高效运转的同时，不断学会授权，并能充分授权，信任团队，从而成就他人，解放自己。

警告：要不忘创业初心，切忌管理僵化，犯企业的官僚主义。

企业成长路径中的范式发现与进阶。

范式发现：客观认识到企业的发展状态和管理范式，这事不是很容易。可以参考对照图1.3所示的模型领会。

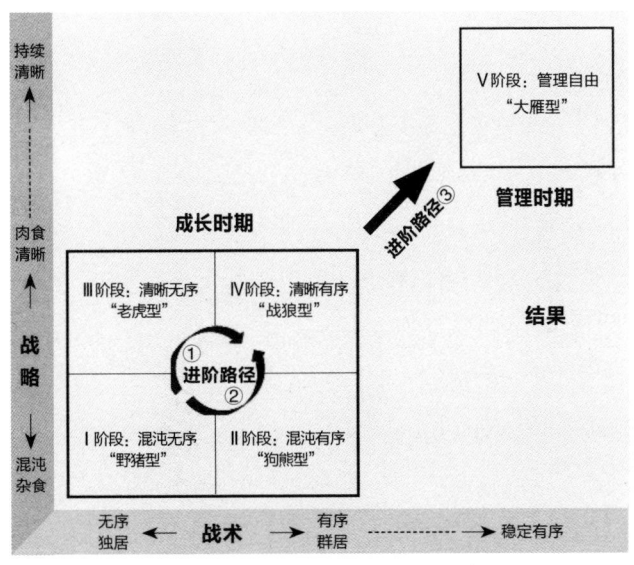

中小企业通向管理自由之路模型　从成长时期到管理自由时期

图1.3

范式进阶：

（1）从混沌无序到清晰有序的进阶路径。

企业在混沌无序时，需要先判断资金情况，如果资金状况尚佳，则选择进阶路径：先梳理战略，后建立战术。如果资金状况不佳，则选择先建立战术，先生存下去，而后再梳理战略，更好地活下去。

（2）从清晰有序到管理自由的进阶路径。

创业者在企业管理中达到战略清晰、战术有序后，可以通过公司股权改造，激发高层领导力。在保证公司高效运转的同时，从而达到管理自由。

第五阶段——大雁型

企业在这个阶段很像自然界里的大雁。大雁是很有智慧的动物，大雁在每年的迁徙中，队伍目标明确，它们没有英雄，大家又都是英雄，当领头雁感到体力不支不能领飞时，便会退居二线，它后面的一只大雁便自动顶替，如此循环往复，让每只大雁都有机会当领头雁，整个队伍显得很有活力。

组织形态：管理自由。处于该阶段的企业战略持续清晰，战术稳定有序，并且团队建立了人才梯队；组织拥有完善的公司治理机制，合理的股权分配，组织分工明确；企业不再依靠某个领袖也能持续发展。

管理者画像：这时的创业者更像是宗教中的精神领袖，追求信仰，是企业精神的传播者，是企业信念的捍卫者，更关注社会价值的实现。

管理范式：管理自由靠授权。创业者管理的重点从内部转向外部；在绩效明确、公司治理完善的前提下，建立起了信任文化，充分授权。

警告：要持续关注外部经济趋势、技术革新和个人学习成长。此时要不恋战，肯于放下权力。

要真正做到管理自由,授权是关键。如何才能准确授权?

在战略正确的前提下,你还需要做好两件事:

一是搭建高效管理系统,完成对公司良好的治理。

二是激发与培养系统中每个人的领导能力。

总之,对企业而言,管理自由通过阶段性范式,系统地打造,才能完成公司的治理与领导力的提升。

	理想状态	企业管理:无为而治
	战　略	企业的使命、愿景、价值观,具备增长潜力,获得增长的关键成功要素
	战　术	流程/绩效/薪酬/政策/岗位说明
结果	组织发展阶段	创业者阶段表现	行为指导
	Ⅰ阶段:混沌无序 野猪型	忙于赚钱,一人多能。没有管理体系,只有销售业绩 救火队员	活下来是第一要务,去繁从简,销售带动管理
	Ⅱ阶段:混沌有序 狗熊型	只知低头赚钱,不知如何持久盈利。有办法,没方向 盲人按摩师	把握赚钱敏感度,学会战略梳理。尝试明确发展方向
	Ⅲ阶段:清晰无序 老虎型	有想法没办法,经常怀疑自我,频繁更换管理方法,创业者和团队思想不统一,导致上下脱节,发展倒退甚至崩盘 孤独的巨人	坚定战略目标,坚持管理系统建设,切忌盲目聘请"空降兵"接管企业
	Ⅳ阶段:清晰有序 战狼型	不断改进流程、不断提升效率后逐渐形成自如、高效的管理系统 劳模、教练	创业者身体力行,坚持团队学习,通过公司治理股权改造,激发团队领导力
	Ⅴ阶段:管理自由 大雁型	实现企业管理自由和个人领导力的解放 精神领袖	要强化文化与信仰,创业者学会授权

当然，真正的通向管理自由之路并不仅仅是靠授权找出来的，而是存在于创业者与企业团队追求共同的价值与信仰的征途中。

人生的终极目标大概是"致广大，而尽精微，极高明，而道中庸"，唯有如此方可达到"随心所欲而不逾矩"的境界。到了这样的境界，大概可以做到识大局、识大体、中而不偏、游刃有余。

人如此，企业亦如此。参透企业发展的各个阶段与管理范式，让企业管理像人的行事一样随心所欲不逾矩，我们才能真正找到通向管理自由之路！

03
文化与管理
——"人不忍欺"的窘境

清朝的中兴大臣曾国藩在掌兵的时候,礼贤下士,广纳人才。有一天他见了一个浙江萧山的吴先生,这个人口才过人,学富五车,曾国藩就请他评论天下人物。

吴说:"天下人我就佩服三个人,第一个是胡林翼兄,他办事精明,手下人做任何事都逃不过他的眼线的,更别说别人骗他了,根本骗不了他,所以他做到了人不能欺。

第二个人,我佩服的是左宗棠公,此人治军严谨、杀伐决断,脸儿一黑,谁都别想求情,这就是人不敢欺。"

曾国藩说:"吴先生,那你看看我呢?"吴先生略微沉思了一下说:"这两个人跟您比却都略显逊色了,三个人中我最崇拜的就是您,您是以礼待人、以诚感人、以德化人,让人不忍心欺骗,这个可是一般人做不到的,这就叫作人不忍欺。"

正所谓"世界上，千穿万穿，马屁不穿"，曾国藩一想，吴先生说得对，于是吴某被委以重任，掌管钱粮，督造购置火炮，手握巨资。

但是没过几个月，这位吴先生就不辞而别携款潜逃了。很多人劝曾国藩通缉追捕吴某，曾国藩摇头说："他只不过是为了钱财，若追捕太紧，必然会将他逼到贼军中去了，算了吧"。于无人处，曾国藩也苦笑道："人不忍欺、人不忍欺，真是扯淡！"

"人不敢欺、人不能欺、人不忍欺"是很多人追求的一个境界，它来源于《史记·滑稽列传》。史记讲："子产治郑，民不能欺；子贱治单父，民不忍欺；西门豹治邺，民不敢欺。"虽然这些道理很古老，但其实治军和管理企业是有相通之处的。

曾国藩"人不忍欺"的用人方式是很多管理者最一厢情愿的思维逻辑，也是他们追求的目标。他们认为："我只要对员工好，百分之百地信任，员工就不忍心欺骗我，然后他们就会为我全心全意地付出，从而达到'无为而治'，我不就实现管理自由了吗！"其实在没有强大的制度体系的保障下，创业者的这种想法往往都是主观的，不仅没有高枕无忧的希望，反而可能会让自己粉身碎骨。

我曾经认识一个非常能干的创业者，在创业的路上也不忘照顾家人，他让下岗了的妹妹、表弟来自己的公司上班，又为他们买了车与房，付出了自己一片赤心。可是他的妹妹与表弟认为他的一切都是他们帮他赚来的，甚至控制了公司的账本，要挟他要500万元，真叫人无语。可见，在利益面前人性是多么的脆弱！

管理问题背后都有着深刻的文化逻辑。

东方的管理文化以"儒、释、道"为代表,儒家强调的是"人之初,性本善"。儒家崇尚道德,以"温、良、恭、俭、让"为行为标准,向"圣人"学习,所以"人不忍欺",是儒家文化的一种很高的道德境界。中国还有道家文化,道家文化提倡无为而治,你做到人不忍欺之后就是无为而治,不需要我来管理你们还很自觉,是一种高级能力。

东方的管理思想,强调领导者个人的能力与感受,尤其是人格魅力,却忽视了管理体系的建设。所以,我们往往看到企业因企业家的际遇起伏而兴衰,往往富不过三代。

反观西方的管理文化,是有宗教传统的,以基督教作为基本思想。基督教讲的是原罪论,认为人生来是有罪的,所以,从管理角度,为了防止人犯罪,认为在管理当中要建立监督体系,建立绩效考核,就能做到"人不能欺"和"人不敢欺",这就是科学管理制度。

西方文化形成了科学管理制度,刚开始是很有效率的。但是后来人们也发现,监督再严,制度再好、再完善,可一旦忽视了人的能动性,不顾及人的感受,员工就会厌倦,甚至反抗,企业也会走下坡路。

一个好的管理者,需要总结东西方文化的真谛并相互融合。

管理者想做到"人不忍欺"并没有错,管理者要以更大的善念对待每一位员工,他们才可以给企业更多的回报。只不过这些要建立在共同的信仰与严格的制度的前提下。只有这样,管理者才不会遇到从"人不忍欺"到"人善被人欺"的窘境。

东西方文化的精髓是通向管理自由之路的指引,在当今这个年代,我们首先要了解文化,了解人性,再学管理。如果没有文化与人性,那管理就是很可怕的事了。

04
管理与人性
——如何设计薪酬

你在管理企业、设计薪酬体系的时候,考虑以下的问题了吗?什么时候应该采取低底薪高提成的策略?什么时候应该采取高底薪低提成的策略?什么时候采取股权、期权的激励策略?工作任务如何安排?如何利用我们对人性的了解,来制定具体的策略?

在回答这些问题之前,我们来看看以下 5 个问题,来了解下人性。

问题 1:

你需要完成一项工作,A 公司给你 1 万元,B 公司给你 10 万元,你会更想去哪一家公司呢?

毋庸置疑,从人性分析绝大多数人都想要拿更多的报酬。

问题 2:

在同样赚 10 万元的情况下,甲公司的工作你很容易可以应对,乙公司的工作却很难完成,你会选择哪个工作呢?

毋庸置疑,从人性分析绝大多数人更愿意选择简单容易的工作。

问题3:

同样是年薪12万的工作,如果在发薪水时,A公司是只要你承诺完成工作,每个月给你发1万块,但会有绩效考核。B公司是每月给你薪酬2000元,其余的你必须在完成工作承诺后,年末一起发,你会选择在哪工作?

毋庸置疑,从人性分析绝大多数人会选择A公司,人们更喜欢先拿到薪水。

问题4:

如果在发奖金的时间上,A公司只要你完成工作任务,马上把承诺的奖金给你;B公司是你完成任务后,年末才能给你奖金,你会选择在哪儿工作?

毋庸置疑,从人性分析绝大多数人更喜欢A公司。

问题5:

如果同样做一份工作,A公司只是要求你在限定的时间完成工作,明确规定必须在办公室完成;B公司告诉你这项工作的目的与意义,并结合些有趣的方法,只要按时完成即可,时间弹性自主。你会选择到哪工作?

毋庸置疑，从人性分析绝大多数人更喜欢 B 公司。

大家可能会觉得这些问题太简单了，但是想想，为什么我们会有这些选择呢？其实数量的多少、问题的难易、时间的早晚、速度的快慢、工作的意义构成了人性的基本选择，而趋利避害的人性，是我们很多动机产生的原因。

管理者只有了解人性，才能设计出合理的制度。现在的就业主力是"90后"甚至"95后""00后"，带有明显的时代特征。他们接受的信息量巨大，家庭状况比"70后""80后"好很多，不为生活所迫，更多追求个性解放，但很多也情感脆弱，容易意气用事，他们有点儿像苹果派，"外焦里嫩"，受不了一点委屈。如果不了解这些特性，强上绩效，可能第二天新员工就会消失一大半，这也就是为什么我们以前好用的管理手段现在常常失灵的原因。

因此，学点儿心理学知识，可以帮助我们更好地制定管理策略，其中就包括薪酬制度的制定。

心理学大师弗洛伊德说过，人有本我、自我和超我三个精神层面。本我是人的本能，超我是人的理想化目标，自我则是二者冲突时的调节者。

（1）本我状态的员工——低底薪高提成的策略。

本我状态的员工在生存和安全感方面有非常深的恐惧，跟他提远大理想是行不通的，选择低底薪高提成的策略，是因为只有努力工作他才能获得更好的回报。但是为了解决这类员工生存和安全感的问题，公司可以用解决员工吃住等方式，来增强团队的凝聚力。（该策略对城市里的"95 后"员工可能不太管用，因为大多家境较好，动力不足。）

（2）自我状态的员工——高底薪低提成的策略。

20 年前，我在外资公司工作的时候月薪是 1 万元，我的同行，一家民企公司同职位人的月薪虽然只有 2000 元，但其实加上年终奖，全年收入是跟我差不多的，可是大多数员工都挺不到发年终奖那个时候，导致这个民企的人才流动很大。这就是为什么很多外资企业进入中国的时候能够笼络很多人才，就是因为人们都希望先得到后付出。达到了自我状态的员工，他需要被关注、被尊重，所以采用高底薪低提成的策略，是可以笼络到很多人才的。（所以，如果你公司的薪酬策略比同行高 15%，吸纳人才的效果还不明显，那加到一倍以上，就会立竿见影。该策略在关键岗位关键人才的招募上可以一试。）

（3）超我状态的员工——股权、期权的激励策略。

达到超我境界的人更看中的是理想和发展，如果你希望这个人能跟你的企业"白头到老"，股权激励就非常重要。但当你对他的能力还不太了解的时候，就可以用期权激励来试一试。期权、股权是长期的激励策略，当你利用了股权和期权，你既给予了员工足够的欣赏和重视，又避免了他短期的贪婪，这样就相对完善地解决了人性的问题。（很多"95 后"都是理想主义者，把工作设计得有趣味、有意义，有时比多给钱还好用,情绪沟通是关键。)

任何的管理理论都做不到一套方法解决所有的问题,我们针对的是人,人的成长是动态的,这就需要我们更加了解人性,才能做到"上下同欲"而无往不胜。

05
如何提高组织效率

我们在管理中是否碰到过这些问题呢?

对员工充满信任,可是他们却用谎话来欺骗你;员工请假时,完全不会想到公司的利益;加班时,却又斤斤计较;员工完不成工作时,总是找借口来推卸责任;要奖金时,热情却异常高涨。你希望员工和你一样对公司充满热爱与奉献精神,可是他们却是犹豫地、有条件地付出着。

这些烦心事儿,表面上看是人力资源管理的问题,而实际上是用什么方法提高组织效率的问题。从人类历史上看,解决这个问题只有两个办法:一个是通过信仰,一个是依靠制度。

信仰由心而发,不是用外部强制管理手段可以推动的,信仰坚定的人无论经历什么,相信的人总会坚守自己的信念,无怨无悔,不离不弃。

制度比较好理解，秦国就是靠严刑峻法，在组织效率方面远远领先同时代的其他六国，从而一扫天下，完成了大一统。最好的例子是军队，军队讲究军令如山，很多企业家的管理模式就是从部队管理中汲取的灵感。制度管理贯彻后效率比较高，但是制定制度时的公正公平，执行制度时的坚守原则，对管理者而言，却是不小的挑战。

企业如何运用这两个方法提高组织效率呢？

一、持续强化信仰、价值观。

创业者在创业初期应该深刻挖掘创业动机，除了获取利润之外，更应该思考企业可以为社会、国家，甚至人类产生怎样积极的影响，来实现企业愿景与使命。孙子兵法谈及竞争时，有一个很重要的观点叫作"主孰有道"，它的意思是说，统治者中谁更能遵循天理的大道，百姓就更愿意拥戴并追随他。创业初期，创业者面对资源缺乏、环境恶劣的各种窘境，如果没有强有力的信仰与价值观的根基，是很难吸引优秀的人才的。信仰和价值观在企业管理当中以愿景与使命来体现，可是很多创业者开始只重视业务开拓，认为愿景、使命都是虚的东西，只有看得见的利益才是核心。但是，没有灵魂的企业也不会有核心团队，人因利而聚，必然也会因利而散。业务扩大时还好，大家各取所需，只是偶尔烦恼于内部的利益纷争，效率低下；而一旦遇到困境，无利可图，组织便会瞬间土崩瓦解，一哄而散。与此相反，如果企业有共同价值观和信仰，那么无论顺境逆境、高峰低谷，核心团队都会因内心所秉持的信念及共同的愿景与使命，尽力去坚守，并在困境中创新思变，促进企业不断发展。

我曾经服务过一家上海养老企业，叫"上海爱介护社区养老服务公司"。企业创始人提出的企业使命是"让天下长者幸福有尊严地老去"，并以此践行，当时吸引了很多有爱心的人士加入团队。在公司成立的前三年没有赢利，团队成员却依然不忘初心，不离不弃，终于在第四个年头，企业迎来转机，成为上海居家养老行业的佼佼者。

看来任何组织想要有凝聚力，建立信仰都是头等大事儿。

二、严明的制度与明确的绩效管理。

初创企业，业绩为王。创业者个人能力强的话，管理几个人也不成问题，可人数一超过20人，制度与绩效的重要性就暴露出来了：不能做到令出必行，组织效率必然低下。很多企业家因此希望有一套严明的管理制度与清晰的绩效体系。

严厉的管理手段的背后是基于人性恶的假设。如果你相信人性本恶，就必须小心应对，努力控制。要不然，一定会万劫不复的。

实践证明，现代企业能够通过严厉的管理制度获得成功。

例如，富士康集团和华为在创业初期都以严厉的军事化管理著称，而且取得了巨大的成功。

看看富士康管理方法：

（1）军事化层级制管理；

（2）严格的层级制度；

（3）强调对组织规则的遵守；

（4）强调纪律性和员工的高度服从。

富士康之所以能成为全球最大的苹果手机代工厂，充分体现了制度的严明带来了组织的高效。只不过由于压力过大，前些年员工抑郁自杀的行为时有发生，这也是依靠高压管理的企业必须要重视与思考的问题。

企业想要解决组织高效的问题，仅靠一个方法很难完美地解决；信仰与制度需要两手抓，而且两手都要硬。现实当中我们可以从历史事件中进行学习，如1921年的部队三湾改编，当时部队士气低落，三湾改编提出了支部建在连队上，官兵平等，建立士兵委员会的议题，有效地加强了信仰与价值观的管理，建立了公平透明的绩效制度，后来还提出了"三大纪律、八项注意"，制度明确且易懂，这些措施迅速把部队的士气与面貌改变过来，为未来的最终胜利打下了坚实的基础。

我们再看看著名企业华为的管理实践：

（1）信仰强化。华为通过内刊宣传、学习培训、口号标语等方式对员工进行持续的文化教育，这与军队不间断进行政治思想教育的方式如出一辙。

（2）严明的纪律。华为规定，即使对不合理的制度，也只有修正以后才可以不遵守。

（3）保密措施严格。华为在对研发人员的保密措施方面上升到法律层面，做到严厉而有效。

最后我们认为提高组织效率要分为三个阶段。

第一阶段：通过信仰建立信任的文化。

人和人在一起，沟通固然重要，但更重要的是信任。在一个团队或组织中，你发布命令时，沟通得再好，如果没有信任，大家也不会尽全力，每个人都把你的命令当耳旁风，这就是很多企业没有执行力的原因。可看看我们现在很多企业对员工根本没有培训，恨不得一入职就希望他马上工作，最后往往因为相互缺乏信任，大家不欢而散。

第二阶段：建立学习型的组织。

传统的中小企业招聘一个新员工，往往因为经费紧张，很难雇到成手，没有系统的技能培训，却希望他马上就能胜任工作，在这种矛盾的心态下，新员工很快就"阵亡"了。由于达不到绩效，也很难找到更好的新员工，管理者往往用增加员工劳动时间来抵抗低效能；更可怕的是这种状态下更多的人在混日子。

很多企业都没有建立学习文化，只有"快餐"文化，很难做到持久。一个企业要永续经营，员工必须要持续提高工作的技能，这就需要主动学习，互相学习。如果企业没有建立持久的学习体系，一味要求员工提高绩效，完全靠考核，公司氛围会充满恐惧。孔子讲"杀而不教视为虐"，意思是别人犯了错误，你把他干掉了，而不是教育他，这就是虐待啊。企业如果忽视了训练和学习，就很难达到高绩效。

第三阶段：设定绩效目标。

绩效目标是企业需要达到的标准，以人性恶为基调的管理是一开始就强调绩效，大家很反感，压力又大。单从人性善进行的管理，往往又忽视了绩效，强调人的主动性，可是人有的时候也是懒惰的，也需要被监督，最终的结果往往是绩效不太好。以信任为目标的管理是让大家产生了信任，同时具备了技能后，再设定绩效目标，这样就能同心同德、同舟共济，绩效达成就是理所当然的事。

企业发展离不开高效的组织架构，这也是企业家需要终身修炼的功课。

06
为什么用传统的管理方法，留不住高薪聘请的人才

做企业的人都知道，得人才者得天下。

当我们高薪引进了一些人才（他们往往都是大公司出来的，像可口可乐、微软、阿里巴巴等），可他们拿了高薪却没有体现出高薪的价值，言必称以前的公司如何，不服管理，经常挑战领导权威，不给领导面子。我们该如何管理他们？为什么以前屡试不爽的胡萝卜加大棒的管理方法失灵了呢？有没有更好的管理方法？

说到人才管理，我们还得从了解人心上下功夫。掌握人心，必先了解人性。我认为所有的管理模式都是基于人性的假设。

传统的管理方法往往看到了人性恶的一面，靠流程、绩效与严厉的监督，通过权力与权威来管理人的恶，让人不敢犯错，这也叫科学管理。

美国著名的管理大师戴明，曾经是科学管理的坚定支持者，他在美国不怎么受待见，一气之下来到日本。当时日本企业处于二战后的恢复阶段，他们的产品质量糟糕透了，简直就是假冒伪劣的代名词，不论是政府还是民间都伤透了脑筋。在日本，戴明有了施展拳脚的舞台，他把自己的管理思想在日本进行了大量的实践，并获得成功，在日本他被称为"经营管理之父"，他对品质的管理思想被日本管理界整理出来，就是非常著名的"戴明14条"管理准则。可是当他老了的时候，却有了一个很大的反转，他对他坚信的管理体系有了很深的思考与否定，最后竟然说出了一段让人震惊的管理语录："流行的管理体系很摧残人，人与生俱来的是激情和固有的内在动机、自尊、尊严、好奇心和学习的动力。"

让我们试试人性善的假设吧。美国20世纪60~70年代流行的著名的人本管理理论就是以人性善为基础的。人本管理主要要发现人的善。

我们管理者的使命是激发人的工作热情，尊重他们的专长，鼓励他们创新，信任他们的行为，为他们创造一个自由的可发挥的环境。这样，人才也会以高绩效回报我们。因此，鼓励与赞美在管理当中应占很大比重。

可这个方法真的好用吗？让我们看看"国际狮子会（Lions Clubs International）"的案例：狮子会1917年成立，创始人为梅尔文·琼斯，是个国际型的NGO组织（即非政府组织），已壮大为全球社区服务的领导者。国际狮子会的工作人员绝大多数都是义工，没有薪水可拿，在国际狮子会除了组织章程外几乎没有可约束条件，可以想象，没有了行政权力的约束，传统的管理手段统统无效。

国际狮子会在"人本管理"实践中有很多有效的管理方法。

第一，求同存异，梦想一致。梅尔文·琼斯当年把很多不同信仰、不同政治观点的人聚集在一起，让他们放下成见，拥有一个共同的想法，"能不能为社会多做点事，服务于更多的穷人，帮助更多的穷人"。这些中产阶级就形成了一个共同的梦想，"我们要服务、要帮助那些需要帮助的人"，国际狮子会就是这样产生的，而且延续了100多年。保持梦想一致，是凝聚人才的一个非常重要的办法，激发人内在的善的动力。从国际狮子会的管理可以看到不依靠权力，不用威胁恐吓的监督手段，不去批评、指责，相信善的力量，相信对人欣赏、尊重、付出可以让个体爆发出巨大的能量。

第二，任务充满挑战与使命。国际狮子会为全球社区服务，常有惊人之举，比如说种100万棵树，为500万名白内障患者提供免费医疗，每一项任务都是充满挑战，可又让人无私与无畏，人性的光芒让每一个参与者都有一种使命感，的确是"施比受更有福"啊！

第三，国际狮子会采用科学的授权与激励机制，在26人标准建制的狮子分会有很多头衔，有时多达10多个重要岗位，比如公关委员会主席、会员发展与保留委员会主席等，会员大多被赋予重托，同时也赋予责任，当你被人认可，所产生的推动力也大得惊人。除了授权还有激励，狮子会的徽章是激励的法宝。当你积极出席活动、服务社会等活动时都会得到不同的纪念徽章。当召开每年一届的国际狮子会年会的时候,全球不同地区的国际狮子会的成员们交换徽章成为一项盛大的活动,当你看到一名"狮友"像"二战老兵"一样挂满了徽章,就知道他多么值得你尊重了。甚至有狮友说在狮子会可以给钱,可以给物,甚至可以给人,但徽章却一枚也不给。这虽然是个玩笑,可见徽章文化作为荣誉的象征已经成为一种信仰。

第四,提倡无权力领导力。领导者即服务者,今天的领导者就是明天的追随者。这也叫作仆人式领导,领导者只有具备信任、鼓励、服务的能力,才能推动会员的行动;而批评、指责只能适得其反。

第五,持续性的学习。依靠培训体系的搭建,你不论做什么事都有完善的培训机制,教会你如何募捐、沟通、做领导、做会员。每月的例会制度与罗伯特议事法则,让每个参与者能互相学习成长。

第六,会长轮庄制,内部裂变。每年每个人都有机会成为会长,但不可以连续。在狮子会,若你与大家的想法不太一样,而且排名比较靠后,估计轮到你当会长需要10年以上。不过,如果你很有能力,组织当中还有另外一个非常重要的原则适合你,就是裂变原则,你可以再组织26个人开创一个分会,算是内部创业。所以狮子会裂变得很快,从一个美国本土的俱乐部,扩张成为全球最大的公益组织之一,现在全球209个国家都有分会。

通过对国际狮子会的了解,我们总结基于人才管理的方法,重要的是坚持人本管理的六个原则。

1. 激发人内在的动机和梦想。
2. 有挑战性的任务和目标。
3. 充分的授权,有效的激励。
4. 建立仆人式的管理与领导。
5. 持续性学习。
6. 建立内部的创业文化。

人才是最难管的,但是只要你相信他们,相信人性本善的力量,相信爱的力量,为他们打造出适合发展的平台,人才就会为你所用。

07
教育也是生产力

现在很多企业家都很苦恼自己企业的人才厚度问题，因为企业要想增长想快速发展，人才问题是非常重要的，第一是招人难，第二是很多业务精英非常容易被对手以高工资挖走，那么又该怎么办？

我们先让大家看一段历史，我们暂且把时间倒退到1921年，这个年份是孙中山先生非常痛苦的一年。

他经过屡败屡战，什么反帝、反袁、护法、二次革命，通通是失败了。

在这个过程当中，孙中山先生认识到一个问题，如果没有自己的军队，那么革命的发展一定受到军阀的控制，所以他决定要建立自己的学校，培养自己的部队，这才有了1924年黄埔军校的诞生。

第一次国共合作培养了很多的将领，打败了各路军阀。

其实这个例子说明了企业的发展跟国家发展类似，如果没有一个磨刀蓄势的时间，砍柴就不会锋利。

所谓工欲善其事，必先利其器。那么利其器最主要的方法就是：一个团队要有一个统一的思想、统一的纪律、核心的价值观，如果这些东西都没有，企业发展一定是缺少动力的。

建立教育体系的第一步就是要进行思想跟价值观的统一，所以我们看到的成功企业，不论是华为还是阿里，都是在这方面做到了绝对优秀。华为大学、阿里学院就是企业教育生产力的发动机。教育生产力的成果就是帮企业打造一支在这个行业当中摧枯拉朽的铁军。与此同时很多企业也很困惑，怎样才能建立企业的大学，建立自己的军校？

实际上可通过以下三点实行：

第一，要有一套完整的学习架构。这个架构包括了态度的训练，包括了整个关键技能的设计和一些必备的知识，由这几个方面搭起学习架构，找到关键的成功因素。

第二，要有良好的师资团队。如同一所大学能做到世界著名，是因为它的师资力量比较丰富，所以企业一定要有专职的培训人员，并且应该选择那些实践经验丰富的人担任，比如业务骨干或公司的各部门经理，并鼓励每位业务精英能把自身的思想、经验分享给他人，这实际上也是知识管理的一部分。

第三，企业要有良好的绩效反馈机制。员工要通过不断地训练别人或者是接受培训实现阶梯式成长，培训成果要与每个人的收入与职位的升迁产生直接的关系，其中受训的小时数、课后的考试成绩、导师的评价等都是考察员工职业发展的重要指标。

当你建立好这样的教育体系，你会发现企业的生产效率、竞争能力也会随之提高。

企业以前炒员工鱿鱼，或是因为工作态度不好，或是因为工作能力不强，但如果你没有一个有效的、系统化的教育和培训机制，那么员工难免莫名其妙地就会被炒，企业员工队伍也不会稳定。

当我们真正掌握了教育的思想，就会知道在成长过程中，要给员工持续的参与培训的动力，除了为了学到更多技能之外，更主要的是在思想上可达到统一，也解决了价值观混乱的问题。

最后，我分享一个管理实践案例，我们曾经给一个年利润五六亿元的企业做战略咨询服务，这家企业想两年内生意翻两倍，原计划聘请100多个销售人员，可是又很担心投入太大，成本无法回收，因为100多个销售人员，将会是一大笔的费用支出。如果这些人没有效率、没有统一的纪律、没有统一的价值观，很可能就会变成乌合之众，很有可能企业理想就会变成噩梦。

所以，这家企业的老板听从我的建议，决定要先建立员工的培训机制，先招二三十个团队骨干进行培训，滚动发展，赛马不相马。于是，整个企业的业务推动就有效地展开了。一段时间后，我们看了下销售

报表，的确企业通过训练，通过教育产生了有效动能，业绩每个月有个百分之二三十的增长，

可见，任何一家企业在发展过程当中都不能忽略教育的力量，不要把企业的教育工作仅仅当成投入，因为依靠教育会产生强大的生产力量。

第二章

创业初期无管理
——走出混沌无序

01
走出混沌无序

古代先贤们将天地未开之时,万物所处的空间状态称为混沌。认为万物皆始于混沌,而后才得以发展。对企业来说亦然。企业要想发展,首先要走出混沌无序的阶段。

何谓混沌无序?混沌就是"没方向"。所谓"没方向",一是指企业缺乏长期战略,只有较为现实的短期目标;即使有时对未来有模糊的发展方向,但总因缺乏资金被迫为生计频繁改变,无法坚持。二是创业者头脑当中有很多对发展方向的设想,多面出击,最终思路混乱,企业管理一团乱麻。

无序就是"没办法"。所谓"没办法",就是没有掌握市场发展规律,没有成熟的商业模式,赚钱完全靠运气或超出常人的勤奋。企业在此时发展状态极不稳定,运营方法总在变化又无法适应变化,团队疲于奔命,效率低下,企业生存在恐惧与焦虑中。

这时的企业就像野猪一样横冲直撞,乱踢乱闯。运气好时能杀出一条血路,绝大多数情况下是被困在原地。

创业初期,创业者可以有两个选择。

第一个选择谋定而动,就是先明确创业的发展方向、商业模式、管理团队、核心技术与资源优势等,然后进行未来三至五年的财务测算。做好这些就可以了吗?别着急,孔子讲"敏于思而慎于行",接下来融资是个关键问题。没钱,企业何谈理想?有钱,又岂会还囿于初创?所以,资金是初创企业破局非常重要的关键点。而解决缺钱问题最有效的办法,就是融资。银行对中小企业不怎么待见,高利贷更是一味毒药,股权融资是个不错的选择,只是需要专业人士与良好的人脉,并不是每个初创的企业都能顺利获取。

第二个选择是先射击再瞄准,先求生存方法,再求长期的发展,大多数成功的创业者在初期都会做此选择。在不确定的世界里唯一确定的就是变化,很多伟大的公司在创业初期做的事儿都与未来的发展差十万八千里,像美国惠普公司最开始是卖音频振荡器的,第一台产品卖给了迪士尼才活下来,后来卖(生产)电脑,再卖(生产)打印机,现在同样成为全球著名的IT公司。

如何破局混沌无序?

1. 破局混沌。

(1)定方向,找钱。

没钱创业其实是个伪命题,创业者要有这样一个信念,即这个世界上从来都不缺钱,缺的是好的想法。

如果你对你所创办的企业的运营没有让人眼前一亮的好想法,没有好的商业模式,没有风险的思考,没坚定的信念,没有强大的执行力,是不会拿到钱的。

第一步是做好商业计划,就像打仗要有作战计划一样:要针对市场需求,强化你的产品与服务;针对竞争对手,强化你的核心能力等。

第二步,如有可能,先要建立一个样板市场,让你的想法在一个可复制的市场里得以实现。

第三步就是要利用一切机会见到投资人并说服他们。

(2)正确地做减法。

如果你很有运气拿到了融资,你将面对各种发展岔路和诱惑。大多初创公司不是没有发展方向而是方向太多、机会太多,精力和资金有限,这也是很多创业企业成功融到资后,主业尚未做好,多头出击最后一片混沌的原因。此时的创业者要快速稳定现金流,不断厘清战略方向,正确地做减法。

(3)保持危机意识。

融资成功后企业就没混沌危机了吗?当然不是。

在互联网行业中有一家叫猪八戒的策划平台网站,当年还很弱小的他们只融到了500万元,而很多竞争网站都融到了几千万元甚至上亿元资金。但其他网站在资金注入后,以为万事大吉,逐渐失去奋斗的热情,结果烧完钱就倒闭了。

猪八戒网站坚持奋斗模式和节俭状态,将服务不断精细化。当对手倒闭后,他们一家独大,顺利存活,成了笑到最后的人。现在,猪八戒网站已经成为一个利润可观的平台网站。

2010年左右,深圳的一个朋友找到我,要投给我一笔钱,开发我的产品,他知道我是这个行业的专家,在这个行业名列前茅。我也正想换个城市发展,换一种生活方式,于是我就答应了。刚开始的两年里,我们资金很充足,我的技术也得到了转换。但随着公司的发展,他的野心越来越大,搞的项目也越来越多,我们终日忙得不可开交,聘请了很多人,整天业务、人事、行政、发货一大摊事忙不过来。渐渐地我想回到我原来的生活,刚好我们的价值观也出现了分歧,于是我提出出让所有股份,回归到我想要的生活中。

所以,融资成功后,如果不能保持危机意识,不忘初心,有效积累资金,企业终将会随着钱一起被烧没。这样的例子太多了,即使是上市企业也可能会一败涂地。因此,融到资的企业切忌忘乎所以,偏离航向,只有不断明确、清晰自己的战略目标,才能真正走出混沌。

2. 破局无序。

找方法,赚钱要讲方法。

方法之一是提高企业的应变能力,坚持销售为王。

企业如果暂时没有长期的战略,也不要怕,活下去才是王道。把东西卖出去,销售是关键。绝大多数伟大的公司,在创业初期都书写了一段销售传奇。

像蓝色巨人IBM,创业维艰,濒临破产,后来请来销售奇才沃森。沃森上任后抛弃前任僵化的管理体系,大胆聘用了一些口嚼烟叶、只会叫卖磅秤和咖啡机一类的手下,这让当时的投资人心惊胆战。他用"THINK"(思考)的口号激励员工,培养企业团队精神,起初的4年便使公司收入达到200万美元,业务扩大到欧洲、南美和亚洲,他以实际行动打破了人们的偏见,用销售佳绩挽救了IBM。聚焦于销售就要提高团队捕捉客户的敏感度,增强适应市场发展的应变能力。在大量业务中锻炼销售团队,为企业持续发展,赚取更多资金。

方法之二是提高运转效率、降低运营成本。

有些企业的"996"工作制曾引起网友热议,我们暂且不讨论"996"是否可取,但事实是初创时期创业者的工作状态通常是远远大于"996"的。其中的道理不复杂,有更多活干才有更多钱赚。想赚更多钱,就要比别人付出更多!大多数想在创业初期活得好的中小企业,一定要付出大量的汗水与时间。

你和你的团队将要面对的不仅是"996",团队齐心协力为生存一起奋斗,逐渐形成自己的团队文化,才能最终找到适合自己的发展方法。创业企业缺钱,想生存就要努力赚钱;想赢过竞争企业,想赚更多钱,就要比别人付出更多,运转比别人更快。其实认真想想,中国的改革开放不也靠的是高效率干出来的吗?创业者想要保证生存求发展,企业必须提高运转效率,逐步形成团队文化,不断探索让团队高速运转和盈利更多的方法。

所以,在混沌无序状态下企业想求生存、求发展,团队成员要共同坚定信念。要么完善商业计划,清晰战略目标,想办法融到资稳定现金流,而后,向有序高速发展迈进;要么在没有资金的前提下,提高应变能力实现高效存活，以销售带动管理，在发展中找目标，在运动中不断厘清企业的发展战略。

总结一下：

①企业在混沌无序状态下想求生存、求发展，团队成员要共同坚定信念。

②要完善商业计划，清晰战略目标，想办法融到资稳定现金流，再向有序高速发展迈进。

③在没有资金的前提下，需提高应变能力实现高效存活，以销售带动管理，在发展中找目标，在运动中不断厘清企业的发展战略。

"不破不立，不塞不流，不止不行。"再大的商业航母都初为混沌，始于无序。找准方向，找对方法，破局发展，走出混沌无序其实根本不难！

02
企业家的社会责任

2020年,我陪同朋友去山东拜访一个非常成功的马姓企业家,他的企业在当地年营业收入有600多亿元。

我那个朋友是做税收筹划的,本来是希望通过我将他引荐给这位企业家,做做税收筹划,帮企业省省钱。

可是一交流后,马先生的一番言语竟让我们目瞪口呆。

原来他根本不需要节税!

他锁定的目标就是今年交10亿元,明年交20亿元,然后每年翻倍。在2019年的时候,他们企业就已经交了50亿元的税收,预计在2050年要交1000亿元。

我们都惊呆了,这个世界上我们只见过拼命想赚钱的企业家,还真没碰见过愿意多交税的企业家,但交流之后他的一席话让人茅塞顿开。

"一家企业如果没有信念与精神追求,只会赚钱,只为自己的私利,是长不了的。

"我做这个事情,首先为我的乡土,为我的这个县的民生要做出贡献,更要为国家所用。

"一家私营企业如果不能为国家所用,不能为国家做点什么,这家企业就没有存在的价值。"

所以,马先生的目标就是2050年要交够1000亿元的税。

马先生多交税的底层逻辑是必须提高企业的技术能力,必须提升品牌的价值,必须提高企业的运营效率,降低运营成本,所以就不难理解他要在2050年交够1000亿元税的目标了。

有这么大情怀的企业家更让我敬佩的是,他把50%的股份捐给了慈善基金,每年拿出自己的股份红利专门用于做慈善,主要用于养老与孤儿救助。

我参观了这个企业深有感触,不禁思考:一个企业家从最开始为了赚钱,把企业越做越大,到底最终要达到一个什么样子?企业家有没有终极目标呢?

谈到企业的终极目标,很多人就会联想到马斯克,这个"鬼才"竟然想为人类将来移民到火星做点贡献。

有人更愿意用扎克伯格或者是比尔·盖茨把股份全部捐出来,用于艾滋病治疗药物的研发或做慈善来举例子。

我们都奇怪为什么老外更愿意把精力放在做对全人类更有贡献的事情上,中国企业家难道就不行吗?

其实我们回顾历史,早在1938年的时候,就有一个叫作卢作孚的中国企业家,他为了抗战,在宜昌组织了号称中国版的"敦刻尔克大撤退"之称的宜昌大撤退。纾难救国,把他的民生公司的资产拿出来,帮助内陆的国有企业转移到大后方重庆。他的事迹,获得了国共两党一致称赞。

所以,一个企业家如果心怀国家,即使他的企业不在了,但是他的精神也会永存。

可见,我们可以把企业家的终极目标归纳为4个字,就是"社会责任"。

一个企业家如果没有社会责任一定走不长。

我的另外一个朋友是中国企业家慈善组织的成员,这个组织叫作阿拉善SEE生态协会。

他们是做什么的?他告诉我他要改变地球,主要是做环保的。

他们在中国的目标就是治理阿拉善的沙漠风沙,要种几百万棵树,要在那儿种高粱等农作物。

听到他这样的目标,我们都很兴奋。在中国竟然还有这样一群有热情、有血性、有未来、有信念的企业家,我们的民族是有希望的。

后来我一查这家协会的背景，一看也都是中国企业界的精英，像王石、冯仑都在其中默默做着这种社会公益性的事业。

所以，企业家的终极目标实际上跟信仰、信念是分不开的。

如果没有信仰、信念，那么无论赚多少钱，他能追求的也只是眼前的欢乐，最终有很多人生的痛苦是无法缓解的。

如果一个人想走得更远，他一定会帮助其他人做得更好。

具有家国情怀，拥抱世界，去为更多的人谋福祉，可能才是企业家应该思考的问题。

借用儒家思想，企业家的终极目标就是为天地立心，为生民立命，为往圣继绝学，为万世开太平。

真正的企业家除了创造财富，也应该有改变世界的信念。有了伟大的信念，就会有不懈的追求与盼望，也具备了爱的力量，从而能影响更多的人创造奇迹。大的使命会让企业家的精力无限，勇而无惧。企业家在肩负社会责任当中，帮助更多的人，他的企业才会有机会真正变成有意义的百年企业、千年企业，他的企业精神才会永存世间。

03
结硬寨，打呆仗

很多创业者都希望快速致富，因此到处去学一些秘诀，最后发现讲成功学的老师都很成功，学员却很失败。反思"快餐"式的成功文化，我更欣赏清朝名臣曾国藩的一句话，叫作"结硬寨，打呆仗"。这句话的大意是，当面对太平天国勇猛的攻势，先要建立坚固的防御体系，然后再打持久战。这是他长期跟太平军作战总结出的经验。

这句话运用到商业上来讲，坚固的防御体系就是要找到有价值的商业模式，然后做个踏踏实实的"傻子"，持续干点实事。

我有个表弟，他曾在10多年前来投奔我。他是在农村长大的，高中毕业，没太多的文化，没什么事情可做。当时他向我借了2万元钱，买了辆电动自行车，做一家知名糖果公司的独立经销商，针对小型超市进行销售。那家公司分配给他的经销区域是一个城市的新区。城市新区正处于建设期，人口偏少，超市当然也少。最初我的表弟一个月只能做几万元钱的生意，赚几千元，勉强温饱。我劝他不要做了，太辛苦了。可是创业者哪能那么容易就放弃，他说要坚持。一晃儿10年过去了，那么他的生意做得怎样了呢？

他现在每个月差不多要做100多万元的生意，一年要做1000多万元销售额，每年的净利润超过50万元。从一无所有，到有车有房、自给自足；从用每个月几千元的利润艰难度日，到有足够的利润去养活员工发展壮大；从拥有一辆电动单车，到现在有6辆汽车；从一个小的农村仓库到拥有几千平方米的仓库。对于一个农村孩子而言，他的创业无疑是成功的。

细想起来，他当时创业的时候其实也不那么省心。这个生意很容易进入，主要靠勤奋与低成本。因为进入门槛低，总有很多人跟他竞争。可是绝大多数创业者因为这个生意短期赚不到钱，耗不起；又有很多机会诱惑，最终都自作聪明地放弃了这个生意。可我那个执着的表弟凭着一贯的坚持、周到及时的服务，跟客户关系越来越好。客户后来要求他除了糖果之外再帮助进些别的货，所以我这个表弟之后竟然包揽了小超市80%的休闲食品的采购，服务了当地1000家客户。随着时间的推移，他的采购品种不断丰富，服务及时周到，跟客户建立了一种牢不可破的关系，这让很多的新进入者很难跟他竞争。

表弟的成功说明：专注与努力会让一个普通人登上山巅。当你做得足够持久的时候，很多当年难以逾越的对手都转行的转行，关门的关门，越过山丘后，你的对手都会被时光接走。

大多数成功者是那种"傻傻"的，耐得住寂寞的人。让我们通过表弟的成功总结"结硬寨，打呆仗"的思想。

结硬寨——建立有价值的商业模式。

从生意上来讲，"对"的商业模式就是去解决客户痛点，去做那些对市场有价值，但也许是对手不愿意干的事。我表弟就是抓住了小超市业主分身乏术，采购不方便，城市新区商业形态还没有形成的时机。小超市特征是销量小、品种多，没有形成采购规模时，供货盈利难度很大，利润很低。对于有"远大抱负"的创业者来说，这属于"食之无味，弃之可惜"的市场。短期的投入与产出不成正比，所以很难坚持。但从发展的眼光来看，一个新区小超市数量是在随着城市的发展而不断增加的，这属于需求上升期的市场，所以有价值、有光明。

其实当年京东创业时也是结了一个硬寨。当时刘强东发现商品的价格受物流周转的影响很大，也大大影响了零售企业的利润；一个消费者买到一种商品往往要经历四到五次物流，体验也不好。只有降低物流周转次数以降低商品的价格，加快到消费者手中的速度，才能让电商客户拥有良好的购物体验。所以，他决定自建物流，把物流的周转次数降到一至两次，成为京东商业模式的核心能力。

打呆仗——勤奋与坚持。

如何勤奋？创业者的勤奋往往与节俭结合在一起，我表弟在创业的过程中买车、招人，这些决策都咨询过我，而我给他的答案却是个问题："有没有拼尽全力？"他心领神会，坚持到拼尽全力才出手。创业的利润就来自于勤奋与节俭，小企业拼的就是成本。

如何坚持？在创业的道路上外界的因素总是容易发生变化，创业者的坚持总是靠信念，必须坚信自己所做的事的价值。创业团队的坚持要靠建立共同的愿景。京东最危险时亏了1000亿，被对手嘲笑，朋友为其担忧，可刘强东及其团队对他们所创造的价值深信不疑。正是由于刘强东对"为客户创造价值"这个信念12年的坚持，让他们笑到了最后。尤其在2020年新冠肺炎疫情期间，京东自建物流的优势碾压了所有的对手。

通过"结硬寨，打呆仗"踏踏实实获取成功，这一经验与西方管理大师彼得·德鲁克的观点不谋而合。

彼得·德鲁克曾告诫创业者，在创业时要注意三点：

1. 不要太聪明。
2. 不要采取过多的花样，不要分心，不要一次做过多的事情。
3. 要为未来而创新。

其实我们想一想，很多创业者能成功，并不是因为他有多聪明，也并不是因为他懂得更多的管理知识，而是因为他坚持做下去了，坚持的力量甚至让有些人成了行业冠军。

04
创业者的枷锁

很多想创业的朋友们,都向我咨询过下面这些问题:没有钱怎么创业?没有资源如何创业?没有人脉能创业吗?"钱、资源、人脉"成为他们身上沉重的枷锁。

知乎上提问最频繁的有关创业的问题是:"一块钱能不能创业?"

刚听到这个话题的时候,大家可能会哑然失笑。这么恶搞吗?一块钱还需要创业吗?在讲这个话题之前,我先跟大家分享斯坦福创业课当中的一个经典案例。

斯坦福大学的一位教授做了这样的一个小测试:分别给班上14个小组一个装有5美元的信封作为启动基金,让每组用4天的时间去思考如何能在两小时内用5美元赚到500美元,当各小组打开信封时,就代表任务启动。

当教授在课堂上第一次向同学们提出这个测试的时候,很多学生的回答是:"扯淡!""这事儿做不了!"还有学生说:"拿这5美元去拉斯维加斯赌一把!"或者说:"去买张彩票吧。"

这样的答案引来了全班的哄堂大笑。因为大家都觉得5美元太少了,想升值100倍,可能只有做投机才能实现,这还需要非常非常好的运气。

可是当测试正式开始的时候,一些小组选择了常规的办法:先用初始基金5美元去买材料,然后帮别人洗车或者开个果汁摊。

有一组学生就在学生会旁边支了一个小摊,帮经过的同学测量他们的自行车轮胎气压。如果压力不足的话,可以花一美元在他们的摊点充气。这个办法让骑自行车的学生觉得很方便、快捷,也取得了不错的收益。

但事实上挣到最多钱的几只队伍却几乎都没有用上教授给的启动基金——也就是这5美金。前几名的队伍在两个小时之内赚到了超过600美金!

到底他们是怎么做的呢?

其中一个小组发现了大学城里的一个常见问题——周六晚上某些热门的餐馆总是会排长队。他们先向餐馆提前预订了座位,然后在周六吃饭的时候将每个座位以最高20美金的价格出售给那些不想等位的顾客……

当然,这还不是最好的方法。我为什么要讲这个案例呢?其实用多少钱可以创业?有多少资源可以创业?有多少关系可以创业?这本身就是一个伪命题。那么创业中最重要的是什么呢?

第一，创业者能否发现生意机会并勇于尝试。

当有了机会时，钱就是副产品，你可以想办法去借，想办法去融资，想办法去做商业计划说服你的金主投资，当然，除了发现机会，还要有勇气去行动。

例子中的第一个小组，也就是给自行车打气的小组，他们是通过常规的体力活动挣钱，坚决地去执行也会获得一定的收益，但效率比较低。

去餐厅预订座位的小组则跳出常规的思考方式，不再受限于启动资金的多少，而是打破思维定式去思考其他的可能性，继而寻找解决方案，然后再不断地去执行，就会不断地提高成功的概率。

第二，对创业的激情、冲动，远远大于对资金的渴求。

如果一个人创业被资金所阻，那么无论他创业是需要一元钱，需要2万元，还是需要100万元、1000万元，都会面对资金短缺的问题。

我们回过头来，看看投资家的眼中，创业者是什么样子的。软银的董事长孙正义说过："我要寻找和我要投资的人，他们都应该是一个'疯子'，充满着激情，无时无刻不在想着事业的成功，跟我谈项目的时候他们眼睛都放着光。"在他投资的过程当中，见到有这样特质的人一位是雅虎的创始人，另一位就是马云，从他们的眼神中可以看到热情和力量。

知乎的创始人也曾经表达过类似的观点：创业者判断大趋势、进行SWOT分析、寻找切入口，这些当然需要做，但创业不是择业，这些只是外因；而内因并不是方法，只是种本能。"我见过的创业者，不管他在做的事情我听没听过，只要听他讲，就会觉得总有机会。他热情万丈，内心燃火，只要谈到'那个方向'，他就会两眼发光，非干不可，还要拉你入伙。"

朋友们，如果我们在创业当中遇到了关于资金的问题，应该怎么解决呢？

首先，要想一想我们的生意机会到底有多大。

生意机会的本质是来自对客户需求的满足，并由此产生的商业价值，所以我们需要确认是否真正找到了用户真实的需求，以及这个市场够不够大。

其次，去思考我们有没有能力、有没有勇气抓住这个机会。

是否能创造出合适的产品或服务满足这种需求；是否已对我们的商业模式进行了试验，证明其是一个可行的盈利模式；是否可以组建一支高效的管理团队。

最后，认真考虑我们能不能为投资人创造出更大的价值。

如果你的想法成功，可以为资本创造 10 倍甚至是 100 倍的回报，如果可以做到的话，那钱就不成问题，甚至你一分钱都没有，也可以去做这样的事情。毕竟现在社会不完全是依靠简简单单的资本、人脉去获得成功，更需要的是有创造力的思想。

最后我跟大家分享一个小故事来结束这一话题。

据说著名的美国魔术大师大卫·科波菲尔曾经被要求在一个监狱里做表演，这个监狱里的锁号称是世界上最难开的锁，没有人能破解得开。这个牢房里没有窗户，门也很厚，表演规定必须在三分钟之内把这个锁打开。时间在一分一秒中过去，大卫·科波菲尔用尽了所有的能力也没有打开这个锁，他失败了。当他精疲力竭地靠在门上时，没想到门竟然开了，原来这个门根本就没有锁上。

朋友们，创业者的枷锁可能只是我们心中的锁。

05
无中生有

2020年1月15日，有一个多年的客户向我辞行。我很奇怪，快要过春节了他要去哪？他说："我刚接到了一份订单，大概100万只口罩，是一个不错的单子，我要去赶快联系厂商。"

我跟他讲："这是个常识，疫情期间，各大网站的口罩基本售罄了。除夕将至，你从哪儿去订口罩，不如放弃！"

他说："不！做创业者一定要有无中生有的能力，要不然你为什么还要做它呢？"结果是他去了俄罗斯，10万元一台的口罩机定了十台，回来150万元一台全部卖掉。从口罩到口罩机，我的这位朋友创造了一个无中生有的奇迹。

他的成功让我想起另外一个创业者老张的窘境。

因为企业陷入了困境，老张花了50万元请了一个营销总监，希望他能把企业带到一个比较不错的高度。

可是过了一段时间他非常失望，因为高薪请来的营销总监并没有给企业业绩带来多大改善。

他很苦恼地对我讲：你看看我花这么多薪水请的人，为什么不能帮助企业起死回生呢？

在这两个案例中，一个创业者想到了无中生有，另一个创业者却希望别人能把他从泥潭当中拯救出来。

创业者需要具备的能力就是无中生有的能力。

作为一个创业者，其实最大的本事，也即跟别人不一样的能力，就是在别人还没有办法、无法解决、没有资源的前提下，能率先看到机会、找到资源、整合资源，从而获得更大的收益。

不仅是小企业，很多大企业初创的时候都有这样的能力。当年微软初创的时候，比尔·盖茨跟保罗·艾伦两人接到了一份 IBM 的订单，可是他们并没有所需的现成软件，怎么办？他们只好买了一家小公司，然后对它的软件进行了修改。当然他们也具备了一定的基础能力，可是他们接订单的时候就是无中生有、一无所有。

无中生有能力的背后是创业者对他所做的事情充满了希望。

一个人推动自身成长的原动力就是对未来充满了希望。不论你面对什么样的困难，处于什么样的绝境，希望总会给你动力，会让你产生巨大的创造能力，因此你才敢于说："I can, I do."（我能，我做。）

那么更深层次的能力是什么？更深层次的能力不仅仅是希望，能够支持希望的一定是信念。

有一个曾经跟我一起在外企打过工的伙伴，十几年来他坚持在外企工作，从一个销售人员成长为一个中外合资企业的高级经理。

我们前段时间见面，他跟我讲年薪已经300万元，我说这很好，当初你的梦想是创业，你要不要现在开始创业？

他说："不！我创业一年估计也赚不到300万，而且前一两年还要赔钱。想赚到300万，大概要做3000万以上的营业收入，而且我个人投入的资金可能就要将近1000万。我冒这么大的风险，获得这么少的收益，我才不干这样的傻事。"

其实这也是普通人跟创业者的区别。

真正的创业者虽然也考虑到风险，但是更多地支持他的是一种信念，一种类似信徒般的执着。没有信念就不会有希望，没有希望也绝对不会产生无中生有的能力。

06
谈判技巧

谈判能力是创业者很重要的能力。企业在经营的过程中，商务谈判的能力要足够强，才能确保企业在合作中既保证自身的利益，也能与另一方形成友好合作的战略伙伴关系。

那么，应该如何进行商业谈判呢？

第一条，制定边界。

边界就是我们的底线，突破底线就没法合作。在与经销商谈判的过程中，对方可能经常会提出离谱的条件，例如往往会说"可不可以先发货再打款？可否账期再长一点？是不是可以多给我一些货和人员支持？"诸如此类的前提条件。如果谈判没有边界，你一味地妥协，最终你拿到的一定是最坏的结果。所以先确定边界，是谈判中非常重要的环节，也是赢得尊重的环节。比如说遇到上面的情况时，可以这样回答："在先付款的前提下，我们可谈一切细节"，"账期是公司的刚性规定"、"人员与货品的支持是根据您的销售任务严格核算的"。当然，在谈判处于弱势的时候，根据情况也可设定"几条防线"来保护你最后的边界。

2003年，WTO（世界贸易组织）谈判的时候，朱镕基总理到美国与克林顿总统进行谈判，虽然我方做了很多让步，但到最后仍没有谈成。朱镕基总理说，很遗憾，我带着热情来到美国，但是这个事情没有达成一致，我觉得，你们应该反思。克林顿说，我也很遗憾，我们谈得非常好，但是议会里有很多的反对派，我没有办法自己决定。

可是当朱镕基总理即将离开的时候，克林顿和他的智囊团队感到很后悔，就与手下人磋商说"我们还要继续谈下去"，于是就让手下人给朱镕基总理致电问"您与您的团队能不能再晚走几天，我们再继续谈一下"。虽然中方也很想谈，但是朱镕基总理说"不谈了，要谈你们到北京来谈"。

我方在最恰当的时候亮出了自己的边界，正是朱镕基的这种有边界的态度，为后来的WTO谈判开辟了一条新的路径，这也体现了一个政治家的智慧。

第二条，化解恐惧感。

经销商客户一般会有下面三个恐惧：货卖不掉怎么办？我没有经验怎么办？后续没有服务怎么办？如果我们解决好他们的这三个疑问，比如可以提供退换货、持续的培训，以及售后服务的处理方式和流程，客户就会放下包袱，继续与我们前行。可有时候由于公司资源有限无法满足客户，那么我们就要主动思考，比如说帮客户分析市场形势，与客户一起定好计划等，靠个人和团队的服务与行动化解客户的后顾之忧。

在商业谈判当中，也有针对人性恐惧心理的谈判技巧应用。以法国非常著名的大型连锁超市家乐福为例，这个企业采购时会进行恐怖的谈判培训，江湖人称"谈判十诫"，第一条就是"让你的对手流汗"。

当然，如果只利用人类的恐惧心理，并不见得能达成交易，谈判的目的最终还是要达成交易，谈判是一场正式的、不流血的战争。谈判时采取何种策略，要根据我们手里的牌来决定。清末重臣李鸿章是一位谈判高手，可惜手里的牌太差，弱国无外交，所以在和列强的谈判中毫无话语权。而随着社会文明的进步，在商业交往当中，我们都应抱着双赢的心态，尤其是在我们与客户进行商业谈判的过程当中，更应该站在双方角度，换位思考。

第三条，培养客户的长远眼光。

要激发客户的欲望，以寻求长期合作的机会。那如何激发客户的欲望呢？就是从利益的角度出发，考虑眼前的利益和未来的利益。以经销商方举例来说，眼前的利益就是，经销商代理我们的产品，可以获得多少收益，我们可以利用假设的模型进行投资效益的分析。

未来的利益就是，经销商代理我们的产品，不仅可获得很好的收益，还会随着公司未来的发展获得更大的利益，这就是用长期的发展来吸引客户。

所以在商业谈判当中,我们可以遵循三条原则。

1. 制定边界。让大家知道红线在哪里,什么是不可以碰的。
2. 化解恐惧感。利用策略不断地打消客户的恐惧感。
3. 培养客户的长远眼光。让客户了解眼前利益和未来利益。

人性无处不在,在商业活动和商业谈判的管理当中,如果能善用人性的力量,就能掌握谈判的主动权,从而得到一些非常好的机会。

07
一吻定情
——销售成交的秘诀

销售是企业的龙头。很多创业者做销售的时候不知道该从何开展,在产品没售卖之前会有很多惶恐:向哪些客户卖?他会不会拒绝我?被拒绝时该怎么办?如果被拒绝会不会破坏我们以前的关系?销售首先要做到的一点就是打破距离、战胜恐惧,这里给大家讲两个小故事,看看该如何战胜恐惧。

故事一

我有一个朋友是恋爱高手,经常会交往到漂亮的女朋友。我们都很奇怪,为什么他相貌平平,但很快能交往到漂亮的女孩子呢?有一天我向他请教,我说你用什么样的办法让那么多的女孩子和你在一起?你也不是"高富帅",对吧?他说很简单,见到漂亮的女孩子,别怕被拒绝,要主动出击。首先要沟通。一段时间之后,大家都比较熟悉了,我往往就能说出"我爱你"这三个字,说完后我经常深情凝视她五分钟,然后最关键的一步来了,我就主动亲她一下。

我说,你这样不是很唐突吗?人家愤怒了怎么办啊?他说,人和人之间是有距离的,但一般女生都会有个评估,如果你要接近我,那首先是要先和我交流嘛,然后才会拉拉我的手,最后我们到了亲密的程度才会亲吻,对不对?他说,我这样就一下子打破了她的整个心理防线。

这也是为什么漂亮的女生身边的男朋友多数不是很帅,引发大多数单身男生"好白菜都被猪拱了"的感慨的原因。因为很多帅哥都不敢去追漂亮女生,怕对方太挑剔,怕被拒绝自己会没面子,凭什么我这么帅你都看不上我呢?而美女们也会感慨,帅哥为什么不来追我呢。

当然了,这只是一个特殊的例子。

在很多情况下,我们的恐惧感都源于自身。其实我们的客户也有类似的恐惧,他跟我们保持距离,这就是人性。那么如何打破这种恐惧呢?其实你只要说出来、做出来就可以了。敢想还要敢做,很多做创业者在销售的过程中付出了大量的努力,成交却很少,可以考虑是否应该学学这位恋爱高手的做法了。

故事二

去年中秋节前,我去一个按摩店做足疗,以下是按摩小女孩和我的对话：

"先生，中秋节到了，你要不要买月饼呀？"

"哇！这么搞，你是一个按摩的专业技师啊，可你怎么开始卖月饼了呢？"

"这是我们公司交给我的任务啊！"

"你能卖出去吗？"

"当然能，每个人都有四盒月饼的任务。"

"你一开始就能卖出去吗？"

"我们最开始都不敢张嘴，但是公司就把这四盒月饼卖给我们！我们一个月才赚多少钱啊！我只好豁出去了，每来一个客户我就问他一遍，但发现其实并不难。"

在做销售当中很多的障碍都是我们自己给自己设置的。如果我们愿意克服我们的障碍，突破我们心理的界限，我们就能迈出一大步。我们往往会发现我们的想法是有人接受的，并不是那么乏人问津的。

销售是否成功与对人性的了解密不可分。我们知道人和人是有距离的，如果打不破这个距离，战胜不了我们自己内心的恐惧，我们就永远进不了销售这个门槛，也不可能创造高的业绩。

销售首先要做到的一点就是——打破距离，战胜恐惧。

08
如何将销量翻倍

创业初期销售是关键,想要短期内搞好销售,达到销量大的飞跃,有没有好办法?

我曾经服务过一个客户,他是食品添加剂行业的佼佼者,与很多知名企业,如康师傅、双汇、思念食品等建立了合作关系。他决定扩大规模,新建了两条生产线,新招了一百多名销售人员。可事与愿违,如此折腾了8个月后销量不升反降。那位客户急得如热锅上的蚂蚁团团转,他希望我们设计几个策略帮他在销售上赢得几场胜利,以唤起大家的信心。

想短期让销量提高,必先找到客户的痛点,下猛药方可见效。我们先从客户40多个品类商品当中找到了销量排名前三的敏感性商品,然后从全国销售区域中选取需求最大的地区;接下来的工作比较简单,找个促销理由:公司"10周年大庆"回馈老客户,在该地区进行"买

10 赠 1"活动，限期 15 天。由于公司的畅销产品从未搞过促销，活动异常成功，当月销量比同期增长了 3 倍。大部分销售人员的信心有所提升，原来公司定的目标还是有可能完成的。可是少部分销售人员心中不服，这不是变相降价吗？有本事涨价看看！为了打消大家的疑虑，我们又开始制定了一个涨价策略。通过前期调研，有一个销售区域的经销商和我们的客户关系较好，创业前期获得了公司大量的支持，拿到了公司畅销产品的最低价，比其他地区低了 15%。这个经销商已经经营了五六年，早已过了扶植期，我们的策略就是通知她，公司计划该产品涨价 15%，给她一个月的时间适应，这一个月内价格不变，她可以增加库存，告知下游客户。经过艰苦沟通，经销商为了 15% 的利润，决定拿出大量资金来多进些货，当月公司的销量增长了 4 倍，销售人员的信心终于找到了。

上面的案例说明，想要销量在短期有所提升一定要认真研究客户需求。

这些策略的制定都离不开对人性的把握。

人性难免贪婪，贪便宜、贪钱财、贪享受、贪面子、贪方便。

我们经常能看到很多销售活动都是因为充分剖析人性，从而获得产品大卖。像当年的国美电器一块钱可以买一台彩电，他们的目的并不是要赔本赚吃喝，而是要利用一块钱所吸引的客户随机购买更多的商品，增加关注，聚集人气及销量。用句时髦的话说这叫流量思维。

将低价策略变成吸引流量的入口，"拼多多"正是用这招才从淘宝、京东电商平台的夹缝中杀出一条血路来的。

比低价更厉害的是免费。网络购物之所以在中国获得成功，就是善用了免费的概念。eBay这些国际大佬就是被淘宝的免费策略打得四处逃窜的。这种方式是从"注意力经济"出发，利用人性的贪婪之心，吸引客户的注意力，随后因为免费而形成消费依赖，促使其不断消费。

比免费更猛烈的就是"倒找钱"，学名叫"补贴消费"。如"滴滴打车"和"饿了吗"，最开始在培养消费者消费习惯的时候都会运用补贴政策，你不仅可以免费使用服务，在你使用的过程中平台还会给你钱，这样一来短期内就引起大量消费者的参与，消费者因为想占便宜而不断地购买，慢慢就习惯了；所以等大家养成消费习惯之后，也产生了依赖性，这时候再把钱赚回去就好了。

信息时代很多观念都会被颠覆，但万变不离其宗，了解人性才会有精彩的销售策略。

分享一个小故事，让大家了解到贪婪是人类的天性。

有一个人进入了天堂，发现了天堂里摩肩接踵，人太多了，怎么办呢？为了让自己更舒服，他就散播了一个谣言，他对大家说："我听说地狱里有金矿！"话音刚落，天堂的人纷纷都跳下去直奔地狱。

前几天的时候，他觉得非常舒服自在。可是过了两天，他就奇怪了，"去地狱的人为什么没有回来呢？"最后，剩下寥寥无几的人也跃跃欲试地准备往下跳的时候，他觉得这个事儿肯定是真的，地狱里一定有金矿！于是他纵身一跃也去了地狱。

这个故事让我们看到：利益面前，人性总是脆弱的。

当我们认识到"人性"这一特点的时候，就会知道，如果你想做好销售，就要懂得"将欲取之，必先予之"的道理，满足客户的欲望，这样我们才能制定更正确的销售策略，获得更多的销售业绩提升。

虽然短期的销售增长不能保证长期的可持续性，但短期的销售增长会为创业者带来大量的现金流，从而为未来创造机会。

09
促销的七种武器

如果市场是个江湖，促销就是闯荡江湖的利器。

市场上千变万化的促销手段，管理者要如何选择才能避免劳民伤财？如何设计才能运用自如，成为市场中的"武林高手"？

我根据多年的管理咨询经验，精选出了促销中最常见的七种方法。作为古龙迷，我借用古龙先生武侠小说的灵感，将其命名为"促销的七种武器"，大家将这七种武器组合使用，可以产生千变万化的效果。

第一种武器：陈列促销

陈列促销又叫展示促销，孔子讲"本立而道生"。促销之道，分销陈列者也。陈列促销是最常见的，甚至是花钱最少的促销方式；但陈列要花心思用力气去做，对实施者的心智和经验要求甚高。专业的陈列促销会让销量增长15%以上,这有点像古龙兵器谱里面的"长生剑"，看似普通却威力无穷。

如果你的商品是消费类产品，在商场里售卖，谁能最大限度地把产品陈列出来，占满有限的商业货架空间，谁就有可能获得顾客的青睐，获得被购买的机会，这就是陈列促销的价值和意义。

如何能最大限度地获得顾客青睐？

第一，要了解顾客行为，吸引顾客的注意。

很多顾客都有冲动消费、随机购买的习惯。要吸引消费者注意就要掌握一些消费心理，如最佳视觉高度为 1.2~1.5 米，顾客的行动路线等。把你最想卖的产品放到顾客最容易看到、最经常路过的地方。如果你的产品恰巧出现在他们的视线中，就大大增加了被购买的可能性。所以我们看到超市里面的收银台边的展位、堆头、独立货架都是商家必争之地。

我当年帮助一个生产速冻水饺的客户改进销售策略，只是要求销售人员坚持把他的产品摆在超市冰柜的最上面，而且保持三个陈列面以上，当月销量就增长了 20%。

第二，位置要醒目突出，有效传递信息，让产品自己说话。

陈列促销也是向顾客传递信息的过程。比如说打折、特价或新品上市，需要把你最想告诉顾客的信息通过陈列展示出来，就要对陈列的造型、位置、出现的频次做出精心的安排。这一建议在互联网线上渠道，其实也同样适用。你的产品想卖得好，就得让它在首页上被人看得见，不断地对顾客进行心理上的暗示。

为什么要占领有限的空间呢？

不论是卖场还是货架，对于某一品类竞争商品而言都是有限的资源，谁能占据更多空间，拥有更多有利位置，谁就有可能在竞争中胜出。例如日用消费品巨头宝洁公司在陈列促销方面做得就比较好，宝洁的销售人员往往把宝洁的产品尽可能地占满所有能占的货架，进而占据了很大的市场份额。

陈列促销的核心思想：不是展示而是吸引。

第二种武器：人员促销

10年前我们根本无法想象在2019年双11当天有个叫李佳琦的网红主播通过视频直播卖货的方式销售额过亿。我们到商场经常会遇到一些销售人员主动向你推荐产品，直接要求你购买。这有点像古龙兵器谱里面的"拳头"，很简单，很暴力。

人员促销在促销行为中朴实无华，但却对销售人员的沟通能力与方法要求极高。

第一，促销人员在能力上要对所卖的商品非常熟悉与专业。

比如说你买家电时，你会发现家电的促销人员对产品了如指掌，对它的音质、中低音效果、音响混响效果等都非常熟悉，先讲一大堆专业的术语，搞得你一头雾水；在关键的时候再放一曲歌星蔡琴的《忘不了》，当蔡琴浑厚的低音从音箱里流出时，如果你是个家电小白，此时就很容易缴械投降、任人宰割了，这就是人员促销的意义。

李佳琦是靠对口红精准的了解，获得了千万粉丝，一句"买它"让大家听得惊心动魄，乖乖地买单付款。

第二，促销人员在态度上要具备勇气、耐心与诚恳。

陈列促销和人员促销的区别一个是让你看得见，一个是有人主动劝你买。所以采用人员促销，促销员的勇气是前提，要敢于要求，不怕拒绝；顾客可能会提出很多问题，不要怕烦，耐心是关键；换位思考，从客户需求与利益出发，诚恳最重要。

人员促销的核心思想：促销人员卖的不是产品而是信任。

第三种武器：体验式促销

体验式促销是什么？就是让你"未购买先拥有"。让你先体验这个场景，做一回主人，从而产生购买的欲望。这有点像古龙兵器谱里面的"孔雀翎"，绝对是美轮美奂的暗器，让你防不胜防。

有个非常有名的家具品牌美克美家，当你进入到他的卖场，你会发现卖场里的家具布置得非常温馨，简直令人感受不到是在卖家具，而是把一个家呈现在你的眼前，刺激你产生强烈的购买欲望。房地产商做样板房，4S店邀请你试驾也是创造一个类似的体验效果。

我们在商场里经常会看到很多食品和饮料做试吃、试饮活动，这些都是体验或促销，让你先体验和占有，产生购买冲动后再去买。在促销方式当中体验式促销是一种非常厉害的武器，核心概念就是"让你先拥有"。信用卡及像蚂蚁花呗这类的移动支付旗下的信贷产品，主张"先消费，后付款"，也是体验式促销的一种极端应用。

体验式促销的步骤是先体验后消费，以及先消费后付款。

体验式促销的核心思想：卖的不是体验而是拥有。

第四种武器：买赠促销

买赠促销，顾名思义就是指在卖产品时以搭赠品的形式进行的销售活动。这有点像古龙兵器谱里面的"多情环"，温柔致命。

买赠促销以赠品形态不同划分，可分为两种：

1. 同品买赠：买大 A 送小 A，比如买一大瓶可乐，送一个小瓶纪念可乐。

2. 关联型买赠：买 A 送 B。比如说买一个围脖送一副手套，买海鲜送一瓶海鲜酱油，买餐厅 1000 元会员卡送 600 元啤酒券等。

买赠促销以赠品数量不同划分，可分为三种：

1. 买多送少：如买五送一，加量不加价等。

2. 买一送一：相当于半价促销。

3. 买少送多：如买高尔夫会员卡，送 23 项免费服务等。

买赠促销的核心思想：不是赠送而是引诱。

第五种武器：返利促销

返利促销，就是通过利益的返还让消费者多次消费或者长时间使用产品及服务的一种促销形式。这有点像古龙兵器谱里面的"霸王枪"，见血封喉。

积分及积分兑换是一种比较常见的让消费者多次消费的返利促销形式，你每次消费可获得一定的积分，积分到一定数量可以换购一些礼品或者现金折扣券。

还有一种是商家卖一个商品给你，盖一个特有的图形印章，集齐若干个印章，购物可以打折，或者是换购一些产品。

回购促销是返利促销的极端情况。比如说有的房地产商，在你买了房子后，每个月给你回报8%，如果你拥有了10年，他进行回购，进行一次性返利。地产商通过这样的促销形式可以长时间低成本使用该房产的购房资金以实现更大的赢利。

返利促销是培养消费者忠诚度的一种方式，要么增加你的消费频率，要么希望你长时间拥有某种商品。

返利促销的核心思想：返的不是利而是情感。

第六种武器：广告促销

广告促销我们经常看到，不论是电视、广播、报纸等这类传统媒体，还是微博、微信、短视频等自媒体，广告促销在这些媒体的加持下，宣传渠道和方式更加丰富。这有点像古龙兵器谱里面的"碧玉刀"，惊艳锋利。

但无论是传统媒体还是新媒体，做广告都是要花大价钱的。

如果你资金充足，那么你可以尝试多渠道广告促销；如果资金不足，你就要找到最恰当的、最有效的媒体进行传播。

广告促销：影响范围广，但是费用投入大。投入时要对观看对象、购买习惯、投入的时间、投入频率、媒体选择等要素精心研究。

广告促销的核心思想：不是告知而是影响。

第七种武器：价格促销

价格促销，就是依靠价格的变动来促进销售的一种方式，其实最常见也最简单的手段就是降价。这有点像古龙兵器谱里面的"离别钩"，为了胜利，壮士断腕。

价格是经济学当中最重要的要素之一。一旦降价，多会引起疯狂抢购，而圣诞节、春节、双11、618，这些都是商家进行价格促销的集中时间段。

其实价格促销更多时候是要形成一个引爆点，它可以通过对一两种敏感商品的价格促销，带动整体现场的消费，让本来想购买10元钱物品的消费者，突然就购买了1000元甚至1万元的物品，这里有个专业的术语叫"增加客单价"。

价格促销也是与对手短兵相接的一种竞争手段。当新的对手刚进入市场时，运用价格促销可以给他迎头痛击。

价格促销是把双刃剑，虽然可以快速拉升销售量，但是也可能伤敌一千，自损八百。

价格促销的核心思想：不是低价而是惊喜。

"强买强卖"还是"愿者上钩"？拥有了这七种促销武器，我们就可以随意组合，如果能运用自如，就会成为市场的强者。

# 第三章

创业稳定找方向
——攻克混沌有序

01
攻克混沌有序

1859年，拥有十余万拥趸、连胜敌军多次的太平天国"翼王"石达开却郁郁寡欢。

这位19岁封王、24岁统率千军万马的常胜将军，在1857年率兵出走"独立创业"后，便犹如一只断了线的风筝，毫无方向可言。不建根据地的边打边丢、无战略的"流寇式"作战法，让他每每午夜梦回，都为太平军的未来感到心神不安。噩梦成谶，一代枭雄最终也难逃"墨菲定律"。

1861年，太平军强渡大渡河失败，石达开"舍命以全三军"最终被俘。1863年6月，石达开在成都公堂受审，受凌迟酷刑而死。

作为晚清太平天国的战神，石达开战斗之骁勇、战术之娴熟不言而喻。可最终却毁于战略方针不清，着实让人唏嘘。

回到现实，如今那些摸到了生存方法、赚钱速度很快的企业，跟当年一路高歌猛进的翼王军队是不是颇为相似？那些有着高度的商业敏感、不断变换跑道的企业，与石达开当年的"流寇式作战"又有何不同？5G时代，我们只有以史为鉴才会有更大发展！

企业之所以在找到生存方法、变为有序运转后还处于混沌状态，是因为还没有明确的战略方向。如果创业者总是满足于现状，满足于小富即安或不断被蝇头小利吸引，忽视建立长期战略，那将会疲于奔命，一招不慎，全盘皆输。

那么，此时如何建立长期的战略呢？

第一，团队成员共同的使命感、愿景和价值观，是从混沌走向清晰的原点。

创业者要想想，当初为什么要办企业，要给顾客提供什么样的产品与服务，可以给社会与环境带来什么样的改变，现在的想法变没变？

第二，确定一段时间内的具体目标。

第三，建立团队价值观。

你希望公司团队的所有成员依据什么样的行为规范为客户进行服务，进行工作，它背后体现的价值观念，就叫作价值观。

以下我们通过考虑三件事和四个问题，提供了一个将企业由混沌变为清晰的可行参考操作。

考虑三件事：

1. 企业的使命是什么？
2. 愿景在哪里？

3．价值观如何去实施？

以下四个问题就是对上述三件事的解释：

1．我们为什么要办企业？

2．我们给谁提供什么样的商品和服务？

3．我们的长期目标是什么？

4．我们如何去做？

以上方法对企业的发展很有帮助，但实际做起来却没那么容易，这是对创业者领导力、决策能力巨大的挑战。对于短期利益与长期发展的取舍，知易行难，除了需要创业者的决心之外，还需要花费时间与代价。

这里，我们用万科王石的真实案例，来总结如何将企业从混沌变为清晰。

如今，在房地产行业拥有自己商业帝国的万科可谓是家喻户晓。但这艘地产航母下水之前的样子，大家还记得吗？要知道王石在投身房地产前涉足了多个行业：卖玉米、做饲料中介商、科教仪器展销中心、服装厂、手表厂、饮料厂、印刷厂……拥有过人商业头脑的王石，在找到赚钱门道后，带着团队不断尝试各个领域，在市场中漫无目的地打转。但他逐渐意识到这样杂乱无章的打法，根本无法让企业持久发展，他必须做出改变。

1988年，王石敲定进军房地产行业的战略，企业正式更名为"万科"。王石任万科企业股份有限公司董事长兼总经理。而后，经招股改造、挂牌上市，万科市值迅猛增长的征程由此拉开……

　　创业者要想真正实现管理自由，就必须实现企业的长久可持续发展，胜负全在战略之间。

　　如果时空可以肆意跳转，如果石达开能够结识王石，也许一个新的王朝将会在历史上出现。当然，这都是后话了。

　　时空无法跳转，成功却可以复制。只要认真做好战略，成功打造属于你的商业帝国，可能只需要再多点时间。

02
破冰决策难局

面对困境，To be, or not to be（是生存还是死亡）？

这道选择题，你的答案是什么？

公元前339年的一个傍晚，苏格拉底选择了后者。

临近死刑执行日期，朋友为他的逃跑铺平了道路，只差他踏出监狱。他却选择了将毒药一饮而尽，虽然不满雅典人对他的不公，他依然用生命表达对雅典法制的尊重。

苏格拉底就是有"宁为玉碎"的决绝。

2018年5月，共享单车巨头ofo，也做出了同样的选择。如果说，苏格拉底的毅然决然是"向死而生"，那ofo的决绝就是"向生而死"。为将独立发展进行到底，拒绝滴滴收购，最终只剩"不当老大，毋宁死"的悲壮。

但ofo忘了，对企业而言，生存才是根本。

无论是远古先贤，还是商业大鳄，或是为部门发展忙到头秃的我们，每天都面临着各种决策。

作为企业管理者，我们做出的每个决策都会影响员工的工作方向甚至公司的生死存亡。

拍脑门定目标？成功学可不给你打包票！

1997年，我在香港一家赫赫有名的食品公司工作。公司老板参观康师傅后，震惊其在1996年就可以做到年销售量60亿包，下令公司目标销售额要翻10倍。当时上过很多激励类、领导力类课程的他，觉得一切皆有可能。新单品、新渠道、广告投入、团队激励各种方式不断增加规模，可销售额不仅没增长10倍，有些地区还呈下降趋势。新产品占用众多资源不仅没大卖，还把很多老产品销量拖下了水。

当时我就很奇怪：一个创业者凭什么做这样的决策？他做出这样的决策又有什么依据？创业者在苦苦煎熬中很多人愿意接受某些成功学的理念，希望"人有多大胆，地有多大产"。可是快速致富，短期的繁荣大多会带来非常多的后遗症。

决策前先来一卦？鬼神保障协议签一下！

2006年，某企业请我去做战略咨询，问题集中在企业究竟要不要投资一家冷链工厂。老板听完分析后对我恭敬有加，但并没有给出他的结论。同时，他又请来了一位当地著名的风水大师，对办公室大加改造，我听到后哑然失笑。

我不太理解，一边通过科学，一边通过玄学，到底要通过哪种方式来决策？历史上有一名人叶名琛，他在第二次鸦片战争时期任两广总督，于1857年英法联军围广州时守城四个月，据传他应对英军的所有部署都要事先扶乩。最终战败被俘，被后人诟病为六不将军，即"不战，不降，不守，不和，不死，不走。"其中的是非功过，自留给后世评说，不过可见没有科学的思考与有效的行动，光靠老天是不灵的。

一意孤行心意绝？好言相劝终变一语中的！

三年前我担任顾问的一家企业，老板要转行餐饮行业，邀请我参加战略研讨会。会上，老板讲述了转行做餐饮行业的十大理由，并组织参观了他曾投资过的几家饭店。但我的团队调研后，发现该企业目前人力、经验、资源和现有模式都不匹配，建议不要贸然做决策。结果，这位创业者很不满意，显然他是想我们赞成他的战略，而不是听客观的建议，所以他没有再跟我们签咨询合同。

去年我听说那位老板在这个项目上已亏了2000万元，并退出了餐饮行业。

很显然，以上三种都是错误的决策模式。

错误一，我要做这件事，我相信自己，只要够努力一定能达成。

错误二，不问苍生问鬼神，像古代君王打仗一样，行事前先算一卦。

错误三，做决策前就已打定主意，只听认同之声，不听反对意见。

那么，如何才能正确地决策呢？

决策未作，机遇先测。

决策之前要了解外部环境。产品和项目如果不符合大众潮流趋势，逆势而动很难成功。

比如，2019年较为轰动的快消品巨头宝洁从法国巴黎泛欧交易所除牌。很多人猜测其衰退是因为缺乏新产品、不重视创新。其实不然，一个快消品行业巨头会不重视创新吗？根本原因是整体消费品渠道发生了变化，实体零售行业出现"寒冬潮"，像昔日零售行业的大佬沃尔玛就在全球范围内大量关店。由此可见，不顺应消费者的习惯进行转变，失败将会是必然的。

决策之前要评估自身核心能力，自测决策基础。慎重考虑现有的资源能否支撑我们去做这项决策？

我们都在讲马化腾社群网络独步天下，但被很多人忽略的是：当时马化腾与国家通信部门的业务关系早已成熟，所以他在做QQ、微信等相关产品时才有能力踏稳潮头，没有钱的时候才能有效融资。如果不具备围绕相关资源搭建超强核心的能力，轻率决策，就往往伴随着失利。

成功不仅靠努力，竞争亦是标尺。

人的成功很多时候不仅仅靠自己，有时也靠竞争对手成全。但如果你的对手太过强大，你可能连成功的希望都没有。

记得多年前我在美国生活的时候，中餐馆周围的美国餐厅纷纷关门，因为其中有一家叫小美快餐的中餐馆提供售价 4.99 美元的三菜一汤，秒杀一切美国餐厅（在美国餐厅大概 20 多美金可吃一餐）。

小美快餐的成功主要靠三点：第一，勤奋，每天工作 12 小时以上；第二，人工便宜（很多是新移民）；第三，收现金"合理避税"。

所以，我们做新项目或开发新产品时，要考虑在这个领域中我们是否有能力跟强者分一杯羹？能不能形成相对优势？有没有击败他的可能？如果答案是有，那我们通往成功之路的地图就算开启了。

倾听内心的声音。

做决策前，我们要先确认该决策是否基于自己内心的意愿。江湖戏称小事靠算，大事靠愿，愿就是指信念和意愿。

一个人要做出风险较大的决定之时，需要超强的内在力量来支撑。如果要做的决策令自己感到不安，就需要停下来思考自己因何不安。所以，决策并不只是选择题，更多的是计算题。如果我们没有按科学有效的方式进行全方位决策和思考，那么就只能祈祷幸运之神降临了。

很显然，我们要通过系统的思考去抓住机遇，找到并建立核心能力，塑造竞争优势，从容面对自己的决定。

03
基于业务增长的战略眼光

创业者的战略眼光，其实就是创业者对未来的预见。我们会发现很多功成名就的企业家，眼光都非常独到。他们会发现别人没有发现的东西，敢于坚持大家都反对的方向和路线。

在2019年的中美贸易战中，美国商务部将华为及其70个关联企业列入美方"实体清单"，禁止华为在未经美国批准的情况下从美国企业获得元器件和相关技术。

任正非在对待美国禁令时，讲了一句掷地有声的话，他说"华为是有备胎的"，这让我们非常兴奋。因为当一个企业在赚钱之余，对自己的未来、对自己的发展有了充分的准备，就不怕别人断后路。

再看一下全球第四大云计算平台阿里云，我们更能体会到马云的眼光长远。细数中国近10年的云计算发展中，死掉的一批又一批企业：有盛大云、世纪互联等开拓者，也有IBM、Oracle在国内拓展中折戟，当然也有微软Azure和AWS等举步维艰。

而阿里云却是个特例，2020财年营收601.2亿元，排名达到全球IaaS服务提供商第三名。今天我们会称赞马云在云计算方面有前瞻性，眼光独到。但曾任阿里云CEO的王坚，当年在年会上流着眼泪说，如果没有马云的支持，这个项目早就夭折了。因为阿里云项目有将近十年不盈利，大家甚至认为王坚是个骗子，虽然知道方向光明，但是看起来前途渺茫，人才流失也很严重。

当初马云为什么会选择云计算这个方向？可从2012年深圳IT峰会上，BAT三大巨头掌舵人的言论中可找到答案。李彦宏说云计算是新瓶装旧酒，没有新意；马化腾认为云计算要在阿凡达时代才能实现；只有马云说阿里不做云计算可能会死。

当马化腾、李彦宏都反对的时候，马云还是敢于坚持，这就反映了一个创业者的眼光。创业的人之所以敢于创业，除了冒险精神之外，对业务增长战略的选择也是至关重要的。

我们到底应该如何确定业务增长战略？怎样才能有一个好的方法，对战略进行规划？麦肯锡公司将业务增长战略分为三个层面，分别是核心业务、发展中业务、未来业务。

第一层面：核心业务。

在一个公司初始生存的时候，它必须有一个核心的业务，就叫核心业务层面。简单地讲就是能挣钱，能产生现金流，能保证你的企业收益的业务，这就是核心的业务。

中国很多著名企业，比如新希望，现在规模非常大，涉足房地产、生态农业、银行等，但是它的创始人刘永好兄弟开始是做饲料的。把饲料做好，就有了稳定的现金流。再比如特斯拉的创始人马斯克，最开始是做网上支付的，公司叫 Paypal。后来卖了公司的股份才开始做电动汽车。他们做的一切在当时就是核心业务，保证现金流充足，而后才能发展。

第二层面：发展中业务。

在核心业务层面做好之后，企业为下一步业务增长所做的努力，叫发展中业务层面，即指在可预见的某个时间段，能给你带来现金流，能更新你现在的业务，而且在很短的时间之内就能达成的业务。

一个产品可能会升级，一个市场可能会变化，在你做现有业务的时候，你就要为升级的业务做准备，要为变化的市场做准备。

以汽车产业为例，现在大家可能在如何节省油、增加动力方面想办法。但未来一定是电气化的天下，是新能源的天下。所以大家都在加大力度，发展电气化的汽车，加大力度研究油改电的项目。这就说明通过能源的进步，大家对新能源有了新的认识，这就是发展中业务战略。

第三层面：未来业务。

对未来业务层面的决策，实际上需要有一些穿透性的眼光，不是一般人能判断的，还真得有点预见未来的能力。未来，就是让你"先相信，后看见。"

你对未来有没有一个清晰的预见？你敢不敢为人先？这就是一个

创业者的魄力。你要相信，未来有一天可能会达到别人眼中高不可攀的目标。

当然了，在未达到目标和顶点之前，你说这些话的时候，难免会被人认为是个疯子。但是这样的魄力会让创业者充满动力和动能，这也是阿里云之所以能坚持十年的理由，能让企业全力以赴地发展相对应的能力。

其实商战如实战，在真正的实战当中，一种先进的武器往往决定着整个战役的胜败。二战的结束，就是因为美国先研究出了原子弹，当然最先提出原子弹概念的并不是美国，而是德国。德国提出原子弹概念的时候，很多国家并不重视，可是当它真正研发出来的时候，就产生了改变战争的能力。

作为一个创业者，想要业务持续增长，就应该不断进行战略思考。如果我们不知道怎么样去思考，就可以看看现有的业务在未来发展有哪些路径，去设想寻找更长远的目标，这样我们就会对整个业务发展战略有一个更系统的投资规划。

比如，在公司的业务投入比重当中，我们可以投入60%的资源在现有的业务，30%的资源在发展当中的业务，10%的资源放在未来的业务上，而且要持续投入。

所以，创业者要想业务持续增长，首先要培养自己拥有正确的战略眼光。

04
赚了一千万就成功了吗

英国哲学家、数学家、思想家伯特兰·罗素提出过一个著名的火鸡理论：在火鸡饲养场里，有一只火鸡发现，无论是雨天或晴天，热天还是冷天，也无论是星期几，主人都是上午9点钟给它喂食，所以它发现了这个规律后很开心，认为主人每天都会在上午9点钟给它喂食，明天也是一样。可是，事情并不像它所想象的那样简单和乐观：在圣诞节前夕，主人并没有给它喂食，而是把它给宰杀了。

很多的创业者其实也是这样，常常认为今天的成功可以复制到明天，这次的成功可以复制到下次，其实很多人都是输在了对曾经的成功经验的盲从上。

10年前，我为东莞的一对创业夫妇做管理咨询。令我震撼的是，夫妻俩开了一模一样的两辆大SUV雷克萨斯500，这意味着在当年，他们就已经是很成功的创业者了。

我问男主人："你怎么成功的？"

男主人说："我们当时从农村出来一穷二白,听说做工程赚钱,我们就费尽心思去找活儿,但我们也拿不到活儿。机缘巧合,认识了一个同乡,这个人正好是一个项目的主管领导。我们就去拜访人家,结果吃了闭门羹。于是,我们就天天去拜访,发现对方很忙,忙得连饭都吃不上,我们就做好饭,带着饭去拜访。对方忙得顾不上洗衣服,我就让我老婆帮他洗衣服。终于过了半年左右,对方被我们感动了,我们就开始合作做现在的生意了。"

"那你做得很好啊！"

"但是我们很累啊,天天都很忙,也不知道什么时候有项目。陈顾问,你能不能帮帮忙,让我清闲一点？我现在根本不敢闲下来,虽然公司一年能挣个几千万,但是只要我闲下来,公司就完蛋了。有什么妙计吗？"

"你们有没有想过培养管理团队？然后慢慢放权,让一些职业经理人帮你做生意？"

"我也培养过职业经理人,可是没过两天他就自己找到了关系单干了,我的生意一下损失了三分之一,所以我不敢请人啊！"

"你的生意按照这个情况来看,是不是靠关系来维持的？"

"对,对,对！就是靠关系维持的生意,这个关系一旦不在我手里,我就没有生意了,未来我也不知道会是什么样。"

10年之后我又去东莞,发现这夫妇俩彻底什么生意也不干了,只炒炒股票。为什么？因为当时的关系人被双规了。

在创业过程中，很多创业者不知道为什么要做这件事，没有准备也没有目的。有的是听说这个行业赚钱就冲进来，很可能就赶上了这个行业的红利期。

虽然赚到钱了，可是并不知道这个行业如何发展，能发展到什么程度。实际上，很容易赚到的钱，也很容易失去，来得快去得也快。

当你没有长远的战略眼光，没有系统和方法，也可能会碰上好运气，拿到第一桶金，但是当行业衰退的时候，就很可能连本带利地还回去了。

如今，中国正赶上经济转型时期，很多中小创业者都会面临这样的问题。我们辛苦赚到的财富，如果不能持续和有序地经营好，很有可能就会一下子回到解放前。

成功的经验大多是不可复制的，即使是百年企业也是如此，如果没有创新发展，没有持续发展的眼光，百年基业也会轰然倒塌。

所以，一个人要获得连续的成功，必须具备连续的学习能力。如果不与时俱进，不持续地学习和自我完善，只依靠曾经的成功经验，未来一定会失败的，因为有些成功实属偶然。

所有的创业者，在获得了第一桶金，取得了初期成功的时候，可能是靠直觉、靠运气、靠敢打敢拼,但是要持续地获得时间上的自由,获得人生的持续成长,就必须找到长远生意目标,找到更有效的方法、找到真正的人才,才能持续进步。

05
做大做强还是做久做细

很多新创业的朋友都问过我同一个问题:"我们创业到底是要做大做强,还是要做久做细?"

这个问题我在2017年去日本的时候找到了答案。

当时我们去参观了"京瓷""日清""朝日啤酒"等多家日本大企业,当然也参观了一些有百年历史的小企业。经过研究发现,日本超过百年以上的小企业其实不下一千家。这些历史悠久的小企业让我产生了兴趣,中小型企业"做久做细"是否比"做大做强"更有机会呢?

能够做大做强的企业总是寥寥无几,这种巨无霸型企业在成功的路上有很多的偶然性,也充满了风险。但是我们会看到很多中小型的家族企业,通过几代人的努力,也做成了资深品牌。

10年前,有个富二代找我做企业培训。他们家是做布艺生意的,在东北做得不错。他热爱这个企业,但却不懂管理,父母让他去接手,他便向我咨询了很多管理问题。我一听便知他是管理方面的小白——什么都不懂。

我当时的工作是帮他培训一百多个经销商，做一些管理技能方面的辅导。做完辅导后，富二代夫妇请我吃饭，又问了很多乱七八糟的问题，我就在想，当初这样的企业怎么会搞得好？

一晃儿又是10年过去了，10年之后我们再见面，我发现富二代已经不再是小白了。他的企业从当年的作坊式企业，已发展成为东北、华北市场占有第一名。通过10年的努力，富二代已经不再是当年的"吴下阿蒙"，而是变得非常有进取心。当席卷全球的新型冠状病毒危机来临的时候，很多企业因为无法开工处于现金断流的困境时，这家企业却依然坚挺。因为它有了多年利润的积累，现金充足，正蓄势待发。

为什么一个对企业管理一窍不通的小白，通过努力竟然能变成行业翘楚呢？

我对他的成功做了些研究，发现了三个方面的关键点。

第一，产品方面。为了获得产品设计的灵感，他进入中国著名的美院的相关专业进行深造，聘请了很多美院的老师作为顾问，提高了自己的专业素养。他经常参加国际顶级展会，积极开展行业协会的交流，提高了眼界。他高薪聘请了设计师，重点培养设计团队，这些举措让他的产品时尚领先。当然所有的这一切都是源于他对于事业的热爱。

第二，销售方面。他加强了分销商的培训管理，对重点项目的客户采取持续的跟进服务，完善了最终用户的售后服务。值得一提的是，他建造了一个布艺博物馆,对他选择的布料、装饰、不同的应用场景、品控流程等,都做出了很好的展示。当他请各个地区的客户进行参观、体验时,客户很是震惊,也相当满意,这些都让他扩大了销售量。

第三,成本方面。由于企业长时间积累,现金充足,他购买了很多固定资产,降低了一些变动成本,也参股了上下游企业,加强了产品整体的竞争力、研发的持续投入、产品的不断升级等。在布艺领域,他对成本的功课做到足够细致、足够钻研,超高的性价比更是让他的对手望尘莫及。

正是由于他与他父辈的持续努力,让企业的现金与利润得到了长时间的积累,危机来时才能临危不惧。我们想想看,持久的力量是多么强大!当你能坚持一件事的时候,不论顺境逆境,你都能坚持过来,往往你就会甩掉一大批对手了。

看来做大做强,有的时候真不如做久做细。

那如何做久做细呢?

第一点,保持专注与热爱。

作为一名创业者,不论顺境逆境,你有没有对事业的执着?热爱带来的力量是让你坚持下去的动力。

第二点,要达到超级顾客满意。

站在客户的角度思考问题,让客户体验到你的心。当你真有这样的想法的时候,你就会把工作做细,你就不忍心为了赚更多的钱而抛弃客户。

第三点，每天进步一点点。

当工作成为你毕生的事业，你就会把关注点放在如何让它变得更好上。比如不断地降低成本，不断地升级产品等，持续改进的力量非常大，你会发现过了一段时间，企业就会产生质的飞跃。

一个企业真正的核心能力，往往在于它能跟客户建立长期持久的关系。因为，长期持久的关系其中的信任力量会大大降低你企业的成本。

因此，如果一个企业真的能做到百年老店，真的能做到让顾客超级满意，我相信这样的企业一定能笑到最后。

06
隐形冠军之路

若干年前,我为一家小的家族企业做绩效管理顾问。这家公司是专为石油行业提供防腐蚀监测业务的,一年的营业收入才3000万元左右,有四十名员工,是一家地地道道的小公司。可一看毛利让我吓了一跳,竟然达到2600多万,净利润超过1000万。我认真调查了一下才发现,这家企业独有的核心技术在石化行业的占有率达到了90%。这一系列的数据让我对中小企业的发展路径有了新的认知。

这类的中小企业在管理界被称为"隐形冠军"。

什么叫隐形冠军?在哈佛大学任教的著名德国学者西蒙在美国也非常知名,在教书的过程当中,哈佛商学院的学生问他一个问题:"西蒙教授,您是德国人,我问一个问题,德国的经济状况跟美国不一样,为什么德国经济的70%都不是大企业贡献的,而是中小型企业贡献的?"

这个问题还真把西蒙教授问住了。

他后来经过研究发现，德国的经济还真是这样：70%的经济贡献都来自名不见经传的小企业。小企业都有非常强大的竞争力，他们的毛利有的甚至达到了70%，净利超35%。

他们做的产品都是独一无二的，都是细分领域的领导者，他们的客户遍布全球。后来西蒙就把这类小企业归纳总结了一下，把他们叫作"隐形冠军"。

作为一个行业的隐形冠军，它应该具备什么样的特质？西蒙教授通过研究400多个隐形冠军的企业，从中总结出来了八点共性，我认为比较有道理，在这里跟大家分享一下。

1. 大部分的隐形冠军都是家族企业。

家族企业靠传承。只有传承，经验与品牌才能得以持续积累，企业才可能建立竞争优势。

2. 隐形冠军企业的CEO任期较长。

隐形冠军企业的CEO平均任期在24年左右，而大部分美国企业的CEO平均任期约为7年。

做得久的领导人会对企业的未来有更长远的规划，而做得短的领导人可能更急功近利。所以我们会看到做得久的CEO，经营策略更具连续性，更有利于企业战略目标的实现。

3. 50%以上的销售额是通过出口来实现的。

想成为隐形冠军，一定要针对某个特殊领域，而这就有可能面对你所在的市场、所在的国家需求不足。

怎么办？全球化能扩大市场的需求，所以出口是必须的。当我们要确立在一个领域的持续领先地位的时候，一定是我们做了别人不敢做的和别人不愿意做的，也可能是别人认为市场不够大，而我们却把它的市场扩大了。

4. 公司员工的流动率低。

员工流动率低有什么好处呢？因为我们知道，做任何事情都有学习成本，工作得越久就越熟练，对客户、对公司的工艺、对流程掌握得越详细，效率就越高，这些形成了很强的竞争优势。

5. 所涉行业大多不为大众所知悉。

隐形冠军一般所涉及的行业都是无形产业，或者是大家都不太知道的、影响面比较低的产品的行业。比如说德国有一家做螺丝的企业，它们生产的螺丝在百分之七八十的高端家居里都在使用，但消费者并不知道，因此默默无闻。实际上它真正做到了利润最大化。

一个企业不做到天下皆知有什么好处？很大的好处是你的对手不知道如何去模仿你。

6. 企业文化更加注重情感因素。

隐形冠军企业的团队文化比较注重情感因素，认可社会控制影响要比实际控制更有效。

我们的传统企业都是靠绩效管理，隐形冠军企业往往是靠亲情管理。例如一些日本企业的员工构成很特殊，很多都是一家三口，甚至祖孙三代都在同一家企业工作，在这种环境下，一个人若作奸犯科了该怎么向大家交代？整个家族都蒙羞，全村人都不理你了。所以这样的企业靠的是社会控制，而不是简简单单的绩效控制。

7. 产品更加强调价值而非价格。

隐形冠军的产品有一个重要特点：强调产品价值而不是价格。我们往往会看到企业间进行价格竞争，参与价格竞争的企业就算获得胜利也往往是惨胜。而只有更具价值、能创造足够的利润，企业才有长期发展的动力。

可见，要做隐形冠军，核心是要为客户创造价值，而非靠低价来取悦客户，后者是不会让你的生命力长久的。

8. 竞争优势是满足客户更深层次的需求。

隐形冠军企业坚信竞争的优势一定是更多地满足客户深入的需求，把关注点放在解决行业的痛点、拥有独特的技术上。实际上，只有深入地满足客户需求，超过客户的心理预期，才能让客户对你产生深度依赖。

以上这些是隐形冠军企业的共性，也是通向隐形冠军企业之路的钥匙。

07
企业的中年危机

人们常有中年焦虑，这一年龄段上有老下有小，对前途充满着无奈。中年人泡着枸杞的保温杯不离身，经常告诉自己要锻炼身体，可是又缺乏自律，喜欢赖床。我经常问自己：作为个人，我们会有中年危机，那么企业会不会有中年危机呢？

当然会有！作为创业者，你是否对未来做过很多次的尝试？还是因为常常遭遇失败，已然麻木？例如，营业额不断上涨的速度，赶不上利润持续下降的速度；跟了自己六七年的老员工工作懈怠，却舍不得炒掉。

以上这些都是不断让创业者焦虑的事情，也是企业疲劳期的表现，它们构成了企业的中年危机。

我研究过一个企业，该企业的创业者从2009年开始创业，当年豪情万丈，工作异常勤奋，希望在行业当中做到第一第二的位置。

经过了八年的创业，企业有了一定的规模。去年我见到他的时候，作为他的企业教练，我发现我们聊了一个多小时竟然没有一句话是在主题上。先是聊聊国际形势——中美贸易战，再谈谈我们的政治环境，讲讲国内反腐，最后抱怨一下员工的素质。我突然很奇怪，为什么企业做到现在，创业者开始更多地关心这些话题？难道创业者的锐气都这样慢慢地消磨掉了吗？为什么很多企业发展到一定阶段就会停滞不前了呢？

我想这就是我们讲的企业的中年危机现象。做企业，所谓逆水行舟，不进则退。

企业疲劳期的三大特征：

1. 创业者的激情不断减少，牢骚不断增加，思想上形成了惯性思维，这个时候往往就不思进取了。

2. 创业者经常向环境妥协，小富即安。这个现象就叫作温水煮青蛙，其实危机都是一点一点到来的。

3. 创业者要寻求突破，总在方案上找毛病，而不舍得把利益真正分出去，本质上，这类创业者并不想做任何改变，一切只是纸上谈兵。例如，经常听一些课，找一些教练、顾问，也去听股权分配的课程，回来之后做股权激励的方案；听了绩效就要搞绩效，结果做了一版又一版。

这几种情况，导致的是创业者往往把改变和创新都归于外界环境，而不从内因想办法。那么，当企业出现中年危机的时候，应该如何处理呢？

1. 从观念开始改变。

法国总统戴高乐有一个用人原则：凡是跟他干的人，不超过两年一定要换掉。他说人会懒惰，对我越了解，他越学会了对付我的方法。

美军也有相似的理论：如果事情熟悉到闭着眼睛都能干，人就容易变得懒惰，失去创新能力。越是处于对所做的事情不太了解、不太熟悉、懵懵懂懂的阶段，工作起来反而越是认真严谨，效率更高、更有创新精神。因此，美军一般两三年就会有一次岗位轮换，最多不超过四年。

无独有偶，我曾经服务过著名企业李锦记，它是一家百年历史的企业，却很有活力。企业的员工手册上有一句话：永远保持创业的激情。那么李锦记用什么方法管理呢？原来李锦记每五年就要更换一任总经理，不断保持企业的更新。

的确，先进的组织都是在不断地修正思想，保持动力。阿里巴巴在遇到挫折的时候也通过开展非常有益的"整风运动"，获得了新生。所以改变观念是度过企业中年危机的第一法宝。

2. 做好企业的战略梳理。

很多企业刚开始目标很明确。要做什么，不做什么，企业应该在行业中处于什么位置、占有什么地位，这些都很清楚。但后来遇到的困难越来越多，遇到的风险越来越大，很多事就放弃和妥协了。

企业的战略是要不断进行梳理的。不仅要知道应该做什么，更重要的是清楚知道不做什么。这样才能不被外界事务干扰，不疲于奔命，不陷入劳而无功的境地。

3. 缩小你的关注圈。

很多创业者会被很多无关的事情和情绪干扰。比如大家说生意不好做,他就说生意不好做;大家说中美贸易战对中国有很大的影响,他就说有影响。

企业成长跟个人成长很像,如果一个人的关注圈太大,但影响圈太小时就会很痛苦。平时关注世界和平,自己却连吃饭都成问题,能不痛苦吗?因为他解决不了他关注的问题。

因此,一个人想要成功,想要快乐,想要增加幸福感,就要尽量让你的关注圈缩小,关注圈跟影响圈越一致,幸福感就越大,就比较容易成长。

做企业是一条很艰辛的路,要不断地自我更新、不断地保持激情、不断地提高自律能力,这样,企业才有可能度过中年危机。记住,只要还能改变,就有无限可能。

08
有意义的偶然

你遇到过偶然事件吗？你创业成功是偶然的吗？你思考过偶发事件的意义吗？

他们遇到了，他们思考了，但结果却截然不同。

1936年，闻名全国的地方武装实力派陈济棠准备公开反蒋。他十分迷信，请高人算了一卦。卦象显示"三水发难，机不可失"。陈济棠一听，马上登报反蒋北伐。谁料想尚未举事，他引以为傲的广东空军就集体叛逃，其名下陆军也相继离散。

昔日威震四方的"南天王"陈济棠瞬间成为孤家寡人，于是恍然大悟：原来"机不可失"指飞机不可失，"三水发难"指三部将（余汉谋、唐海安、李汉云）作乱。

虽然一代枭雄迷信卦象之举不值得效仿，但事件的滑稽走向却值得我们换个角度深入思考。

2006年初，美国房地产行业飞速发展，人们笃信房价会持续走高，金融界人士也普遍看好美国楼市。

有两名证券分析师却不这么认为，约翰·保尔森发现，多数买房人的收入根本还不上房贷利息。由此，他和他的同事预测未来房地产行业会遭遇巨大动荡。于是他们说服投资人，筹款1.5亿美元做空一款产品。这就是电影《大空头》的原型故事，二人成功做空美国楼市，从而引发2007年次贷危机。

机不可失，失了便不会再来。盛世危言，信者却寥寥无几。意外无规律可循，抛开五行八卦，我们该如何理解偶然？

怎样找到有意义的偶然？

2017年，两位诺贝尔经济学奖获得者发现，长期以来经济学家认为"人通过理性决策"的判断方法有偏差——很多情况下，人更受感性支配。

所以在决策过程中，我们更应该小心"黑天鹅事件"(指非常难以预测且不寻常的事件，通常会引起市场连锁负面反应甚至颠覆)。

常见的偶然中，必定存在着必然。找到有意义的偶然，我们甚至有可能规避掉重大的风险。

任何产业都有自己的发展周期，浪潮来临之前往往会有些不常见的信息出现。比如大地震前，老鼠、蛇等动物会一反常态出来乱窜，预示着危机即将到来，这就是有意义的偶然。

在现实环境下，绝大多数管理者都被纷乱的信息、繁杂的事务、似是而非的逻辑搞麻木了。在决策过程中我们有太多的想当然，可市场又往往是非理性的，我们又如何在决策当中把握住偶然的意义呢？

我总结了如下几点：

1. 要变线性思考为辩证的思考，或者叫系统性思考。

比如中国古老的典籍《易经》讲否极泰来，亢龙有悔，就是我们祖先对好坏、盛衰的辩证思考。花无百日红，人无百日好，管理者要养成这样的思考习惯，在企业好的时候要精细管理，重视研发与创新。华为如今成为中国科技企业的领头羊，与任正非本人重视危机，防范企业的"冬天"的思路密不可分。在企业不好的时候要有信心有希望，一个伟大的创业者重要的特质就是能在困境中看到未来，从小的胜利中找到机会，不断复制做大，阿里的马云、特斯拉的马斯克在危局中莫不如此。

2. 要加强自身直觉与感觉的训练。

抗战名将李宗仁在自传中记录过这样一段往事：台儿庄大捷之后，有一次驻营休息时他突然感到没来由的烦躁，于是下令立即转移。两个小时之后，他刚才的驻地果真遭到了日军的轰炸。儒家讲的慎独、反省、静思，禅宗讲的冥想都有利于加强你的直觉与感觉。

你所重视的小事，很可能是个关键问题，俗话说防微杜渐、见微知著。举个例子，有个关键岗位的员工最近情绪不好、常常请假，老客户抱怨价格太贵，本应质量过关的产品被投诉等，这些看似细微的小事往往都是重大危机的开始。

3. 从数据的海洋中找到蛛丝马迹。

在二战中有一个很牛的间谍叫加西亚,他先服务于德国,在中立国葡萄牙靠着一张英国地图与列车时刻表外加几张报纸,足不出户开始编造情报,竟然大多蒙得很准。后来他投靠英国,成为一代间谍传奇。现在更是大数据时代,我们所有的信息行为都可以在数据海洋中收集、挖掘、分析、提炼,然后得到精准的目标信息。数据分析是现代决策的基础,意外事件便可以理解为数据异常波动。所以,有些看似偶然的事情,可以尽可能多地收集相关的数据来深入思考。

最后,我讲一件趣事:我在美国认识的一位牧师曾经是一名非常成功的创业者,他告诉我每当做重大决策的时候,他都会禁食祷告(基督教的一种祷告方法),如果内心平和,他就去做,反之则放弃。刚开始他的董事会成员很不理解他的做法,因为他们都是商学院的高才生啊,可是实践证明这位创业者的决策大多很正确,大家也就释然了。可能用中国文化理解,这也是天人合一的体现吧!

09
战略性的计划

战略目标确定之后,该如何做计划?使用什么样的方法呢?

我给大家介绍一种做年度战略计划的绩效工具,叫作平衡计分卡。

我们传统做战略绩效往往是用KPI的方法,也就是考核关键的业绩指标,主要重视财务目标,比如要完成多少业绩,达到多少利润,控制什么样的成本和费用,这些是跟所有人的共同努力相关联的,并以此作为战略绩效的标准。

但是关键指标法会有一个问题,就是当我们只做财务指标的时候,我们会忽视很多具体的流程跟任务,这样的话有点只问结果不问过程的味道,往往会忽视一些行为,最终使我们的目标很难完成。

平衡计分卡实际上是从四个方面进行计划的,对于构思我们的战略绩效很有帮助。

第一个方面跟关键业绩指标一样,就是我们的财务目标。

比如说下一个年度，我们要完成多少销售业绩、获得多少利润、财务成本控制在多少等，只要是跟财务有关系的来年的目标，你尽可以列在财务指标上，这毕竟是追求的目标，对于我们做企业的创业者也好、管理者也好、普通员工也好，都希望在下一个年度获取更高的收益。

那么这些收益的数据从哪儿来？

一般都是从我们过往的经营业绩数据和我们曾经的经验及对市场新一年的判断中得到。

第二个方面是我们要获取财务目标，需要通过完成一些任务实现，要考虑这些任务会涉及哪些利益相关方。

什么叫利益相关方？

比如说客户，你要获取多少个新客户才能获得销售额呢？

比如说供应商，你应该跟多少个供应商打交道，才能保证你的原材料供应充足？

所以具体来讲就是完成我们的财务目标，我们需要做哪些具体的事和任务。

我们的目标其实都是跟我们的客户增长有关系。

如果我们要保持销售额不变，可能就要考虑到我们已流失掉了多少客户，要把它补上又需要增加多少个新客户。

如果我们这个产品是跟原材料有关系的，我们就要考虑要采购多少新的原材料，要进行什么样的库存管理。

具体而言，利益相关者是跟我们完成财务指标息息相关的任务和实践。我们只有完成了这些事，才能保证我们的财务数据利润指标的达成。

第三个方面考虑的就是完成这些任务和实践需要有哪些过程的流程目标。

就像我们都知道开发一个客户，如果从销售角度可能会有七个步骤或者五个步骤一样，做任何一个事情都会有一个合理的、有效率的方法。这个方法可以保证你在有限的时间之内将目标有效实现，我们将其叫作流程。在每个流程当中都有一些关键的节点，如果我们只重视结果、只重视事件，不重视流程，想达成目标往往是天方夜谭。

流程目标其实非常重要。

如果你准备完成一项新的任务，没有对应的流程，你可能只知道要去哪儿，但不知道该如何去？那么你的目标可能就只是听着很热闹，完成起来却毫无章法。

所以，在流程目标当中，要针对我们所计划的所有利益相关者，包括所有的任务和事件，把每一件事的流程列出来，这些需要不断地完善，不断地培训。

第四个方面也非常重要，叫作创新与学习的目标。

我们都知道新的利润增长点往往并不来源于我们原有业务的稳定或是增长，而是由一些新业务的成长带来新利润。

如果是一个快消品的经营者，没有产品的创新，你的市场可能就会下降。

如果是一个高科技的经营者，没有科技的创新，你可能就会被市场所淘汰，所以必须在研发、创新方面下功夫。

如果是一个贸易类的经营者，在员工的流程培训方面也要下大力气。所谓养兵千日用兵一时，我们要针对流程、任务事件和目标，在态度、知识、技能方面统一计划。

同时我们也应该为了企业新的业务增长点，做好充分准备。比如在研发上投入多少财力、物力、人力，这也是在计划的范畴之内。

可能有的朋友会问，平衡计分卡的各个部分所占比重各是多少？

其实它不是简简单单的各占 25% 的关系，而是要根据公司的具体情况设计一个权重。比如说现在公司在求生存阶段，那么我们的财务目标肯定是占的比例要大一点，甚至超过 60%。如果公司在发展的持续增长阶段，我们应该在流程目标、在学习与创新目标方面多投入一点。一个优秀的公司更应该在业绩好的时候就趁热打铁进行变革，这样公司才会拥有持久的动力，不断攀越更高的山峰。

如果学会了平衡计分卡这样的方法，希望大家在未来的战略计划和目标设定当中能够灵活运用，愿我们有一个不一样的未来！

10
中小创业者的五条忠告

我们国家正处在经济转型期，又遇到了很多困难，先是2017年开始的中美贸易战，后有2020年至今的新型冠状病毒全球肆虐。所以经常听到有人说，今年是最困难的一年，可到了明年，他又说今年是更困难的一年。作为处在战场前沿的创业者们该如何面对呢？我作为有着20多年中小企业管理经验的咨询顾问给大家五条忠告。

第一条忠告：先活下来，多看少动，忌乱投资
做企业的时候大家都想做大做强，我劝大家在变强之前先要活下来。
先分享一则故事，有个父亲把一个相同的任务交代给三个儿子，来考察他们的能力。任务很简单，到两公里外的报刊亭买一份当天的报纸，并完好带回来。正巧，任务发布当天正赶上有暴风雨，老大为了证明自己的能力与勇气打了把雨伞就冲了出去，很不幸，雨大风大，雨伞都被风吹跑了，老大像个落汤鸡似的回来，报纸也湿透了。老二能力更强,穿了件雨衣冲了出去,可回来时发生了意外,雨大风急,视线模糊摔了一跤,报纸也损坏了。最后只有能力差的老三完成了任务,因为他是等到雨过天晴才出去的。

当环境不明朗的时候,任何看似无比正确的投资都可能会带来意想不到的风险,有时候能力越强,死得越惨。在这个时候你能做得最正确的事情就是多看少动,控制住内心的贪婪与欲望。当传统业务遇到危机时,最好的办法就是尽量降低成本,增加内部效率,扩大你的整个产出。

2019年我为一个客户做管理咨询,当我们一起回顾他的创业史时,了解到他是1999年的创业先锋,做的是图书线上销售类的互联网公司,也是第一波互联网创业的弄潮儿,跟搜狐的总经理张朝阳同台演讲过,比"当当网"做得还早。2000年5月纳斯达克崩盘的时候,他还拿着500万美元融资,投资人建议他减员和缩小开支,他却固执己见,结果因为跟投资人意见不合,最终愤然出走、公司倒闭。20年后,当我们重新回顾那段经历时,他感叹道:"如果当时我的思路是先活下来,我就会跟投资人一致,因为我们还有钱,只要渡过这个难关,可能我们的未来会非常光明。"因为在不久之后,"当当网"就上市了,可惜历史永不能假设和重来。

第二条忠告:了解行业趋势,顺应潮流

每一次危机都是转机,在危机当中,传统行业的利润下降、消费下降,但总有些新行业在不断崛起,有新贵登场,正所谓长江后浪推前浪，把前浪拍死在沙滩上。2003 年，"非典"暴发的时候，很多企业一筹莫展，可马云、马化腾、刘强东他们几个人的成长，就是在那个阶段。创业英雄总可以把传统行业遇到的危机，变成新行业的契机。

未来新行业在哪里呢？ 无非就是这五个重要的行业：

1. 养老相关行业——人口老龄化是必然的趋势。
2. 5G 相关行业——5G 的技术已经成熟了，下一步就看商业应用。
3. 人工智能（AI）相关行业——人工智能发展越来越快，它的相关产业也会随之快速发展。
4. 消费升级下的与互联网及电商结合的新零售、新消费相关的行业。
5. 与新材料、新能源相关的产业。

当我们了解了行业的趋势，就不会故步自封。比如餐饮行业，以前讲究的是味道好、分量足，可是现在不仅要味道好，还要具备视觉美观和环境良好的体验。以前的传播，我们会津津乐道并耐下心来看一篇三四千字甚至上万字的文章，但是现在超过 1500 字，很多人就没有办法专心阅读了，因为信息太多了，根本照顾不过来。人们越来越缺乏耐心，这也是抖音等短视频崛起的原因。行业趋势不可逆，现在信息爆炸，人对事件的关注时间越来越短，所以如何抓住大家的注意力，提供给大众更符合预期的内容及产品，是很多行业需要考虑的。

第三条忠告：销售带动管理

很多朋友向我咨询的都是关于绩效的问题，曾经有一个做化工的出口企业，销售额从 1.4 亿元掉到了 1000 万元，管理者希望我在绩效方面帮助他做一些管理咨询工作。我们做完诊断之后，发现这根本就不是绩效的问题，而是销售的问题，因为在2008年整个出口生意都在下降，需求萎缩，所以他的出口销售数量下降了。

当业绩下降，人员架构还在时，你就会感到人浮于事。曾经很勤奋的人，现在没有工作让他去努力了，你还怎么能用绩效去要求他们呢？这个时候的重点，应该是用销售带动管理，而不是用管理带动销售，很多创业者恰恰是搞反了。

第四条忠告：回归理性，以消费者需求为核心，关注技术和产品品质

很多创业者喜欢研究模式和方法，却忽视了事物的本质。困难时期我们更应该加强内功，应该更加理性。很多中小型创业者不断地参加成功学的培训，希望通过训练来增强自己的能力，但是听的培训课程又大多是感性的培训。并不是说感性的培训不好，而是如果缺乏了理性，缺乏了核心技术，缺乏了对产品品质的关注，即便再有雄心壮志和意愿，也无法改善企业的面貌。所以要增加理性，关注事物的本质，把重点放在核心技术的建立和产品品质方面的改善上。

这方面我们要向西方先进的企业多学学，比如谷歌、亚马逊、特斯拉等科技企业上市后并没有头脑发热被一些赚快钱的项目所吸引，而是踏踏实实地为了人类未来的大需求进行技术研发，这才不断有引领世界的黑科技面世，从而保持基业长青。如果只空有激情与口号，不能面对问题埋头苦干，那谁也帮不了他。

第五条忠告：坚持创新

不论我们遇到多大的麻烦，市场有多么大的变化，环境有多么困难，我们都离不开创新。世界千变万化，唯一不变的就是创新，离开了创新，可能就会一无是处。当年苹果公司身陷危机，离破产只有一步之遥，董事会只好又把乔布斯请回来，乔布斯上任后砍掉了大多数老的产品线，推出了时尚的 iPod，后来又推出了苹果手机、iPad，再后来，苹果终于成为美国最著名的上市公司了。

希望这五条忠告，能给企业的管理者带来帮助。未雨绸缪，前路更长，希望大家在未来都能有满满的收获。

第四章

企业发展靠系统
——跨越清晰无序

01
跨越清晰无序

我曾为一家从事烘焙行业的企业做管理咨询。这家企业当时发展的势头十分迅猛，在全国范围内已经成功开设了600多家店。

尽管企业发展状态如此之好，带领这个公司的创业者却陷入苦恼之中。因为公司开创之初，为了快速发展，制定了"跑马圈地"的激励策略，在全国不同的城市，谁先开发新店谁就拥有了这个地区的管理权，股东们八仙过海各显其能。这个策略让公司飞速发展，但野蛮生长也带给该公司后续管理上的一系列问题，品质管理、采购、物流各自为战，新开的店良莠不齐，现金流也非常紧张。公司发展遇到瓶颈，有些股东认为可以停下来，把现有的店做好；有的股东认为要继续快速发展；有的认为可以换换跑道，再寻找赚钱的生意。

公司未来将向何处去？

创业者们在努力寻找方向，通过一系列学习、培训，咨询了很多专家、老师，也到日本、中国台湾对先进的烘焙业进行考察，终于明确了自己企业未来的战略发展方向，认为烘焙业是个可以持续发展的产业，可以做百年老店。现在的问题是，管理体系没有跟上，需要在全国各省市打造高效的连锁管理系统。但企业的管理层却对此提出了质疑。

"造系统、建流程是一个需要耗费大量人力、物力和财力的过程，我们现在做得也很好呀，没必要搞这些劳民伤财的东西吧！而且，我们是干烘焙起家，食品范畴以外的东西我们可没人搞过。"

面对这些跟他一路披荆斩棘的伙伴们的质疑，创业者陷入沉思。尽管团队不支持，大伙儿能力也有限，他依旧想尝试将自己的战略方案落地实施。

他从世界500强企业——麦当劳，高薪聘请了一位号称百万年薪的管理精英，来带领大家实现战略目标。半年后，企业的确出现了大变化：他最初给予厚望的连锁管理系统不但没成功打造出来，团队成员还纷纷控诉该职业经理人的种种"罪状"。原本还能持续运转的企业，眼下已乱成一锅粥。最后，创业者也不得不把这位挖来的"大咖"请出公司。

带着大公司成熟管理经验来投身"革命"的职业经理，究竟为何无法帮助企业改善管理状况，相反还带来巨大损失呢？

因为企业在清晰无序的状况下，创业者往往方向清晰，但企业团队往往行动无序。其实，这个时候企业也并不是真的无序，只是员工不知道、不理解、不认同老板的战略、愿景和目标，创业者也没有行之有效的新办法让大伙儿跟上他的步伐。这就是所谓清晰无序的阶段下，中小企业的真实写照。

面对这种无序状态，创业者应该如何破解呢？

想要去病，就要找到病灶位置。

实际上就两方面：一是人，二是体系。

1. 解决人的观念与能力。

当企业做到一定程度，团队光有拼劲是远远不够的。中高层观念跟不上，创业者的思想无法进行有效传达，这就造成了老板在天上飞，员工在地上爬的现象，使战略推行困难。

要解决观念问题，就要和员工进行深度沟通，要建立起彼此的信任，如果员工对管理者的指令持怀疑态度，甚至认为创业者在欺骗自己，这样的企业就无法推进战略。

创业者要做到令行禁止，坚决执行既定的战略目标。不但要自己站得高看得远，更要培养员工相信创业者所看到的前景。要建立信任与承诺文化，培养良好的价值取向。

有的创业者在观念推行上十分成功，但员工的个人能力跟不上企业的发展节奏。只有提高核心团队管理技能，才能推进战略实施。这就需要创业者打造学习型团队，选对人才，还要完善培训制度。团队具备相应技能后，工作的高效有序才有保障。

2. 解决体系的目标、架构、系统。

企业的有序都是先从目标展开的，目标要明确、细致，可衡量，可达成，并且有时间要求。

架构是指为了完成目标需要建立多少组织部门，设置多少岗位，招募多少人工。

系统包括公司及每个部门的流程、政策、制度、绩效、薪酬等。

企业处在清晰无序阶段，若想从无序变为有序，需要格外注意一点：创业者目标清晰之时，也是企业最危险之际。因为目标清晰之后，势必要改变原有的系统和体系，要做出改变就必须建立相应规则。而这时，创业者必须坚持执行他所建立的新规则。稍有动摇，企业的发展就会被全盘推倒，倒退回最初的混沌无序阶段。所以，创业者在这个阶段必须忍受住寂寞和痛苦。

企业改革系统的过程也被称为"企业变革期"。建立系统，是用流程、管理技术改造旧习惯的过程，更是改造人们观念的必经之路。在大多数情况下人是不愿意改变的，中国历史上改革成功的例子不多，远的像北宋的王安石变法，近的如清末康有为、梁启超的戊戌变法都因保守派实力强大而以失败告终。当创业者自己看得见未来的时候，往往是大多数人反对、不理解的时候，如何让企业坚定有序地把战略走下去尤为重要。

说到革新的成功之道，就不得不提到秦朝时期的"商鞅变法"。商鞅在进行变法之初也很难推进，他要帮助秦孝公实现帝王之术就必须推行他所制定的法律，但是大家并不信服。

商鞅便在南门立一根大木柱，并昭告天下：能把木柱搬到北门者，赏十金。国人不相信会有如此重赏，无人肯搬。当然，重赏之下必有勇夫。等商鞅把赏金提高到五十金时，就有胆大之人把木柱搬到北门。商鞅见状，立即如数发放赏金。如此一来，大家对商鞅定下的律法便深信不疑了。

所以，在推进战略目标时，要配合有效的绩效原则来保证系统的可持续性。

绩效是系统管理的重要组成部分，没有适当的绩效保证，不但企业有序发展无法顺利达成，甚至连流程也有可能因为不需负责而遭到毁灭。

让大家愿意去做，主动去做才是上策。

在清晰无序的状态下，创业者需要重点考虑的有如下四点：

第一，问问自己目标是否真的清晰？长远目标是否可以变成员工的工作目标？这个目标是否能给大家带来使命、愿景和价值观上的认同和信任？

第二，目标与员工能力是否相符？如果不符，你有什么办法可以提高他们的能力？

第三，是否制定了有效的流程和绩效原则来保证计划的顺利实施？如果没有，怎样建立？

第四，你准备好了吗？你是否愿意坚持执行自己的战略目标，让企业最终变得有序？

古有商鞅变法，今有跨越无序的创业者。坚定战略、建立系统、有效推进，跨越无序之后你会发现，通向管理自由之路就在脚下。

02
管理体系建设系列
——职业经理的迷失

2019年11月14日,是中国球迷非常伤心的日子。

除了中国男足败给了叙利亚队之外,大家寄予厚望的、拥有世界杯冠军教练头衔的里皮,竟然放弃了2000万欧元的年薪辞职走人。他临走的时候说,我愧对这份工资,我也教不好这样没有进取心的球队。

我们不去探讨里皮与中国足协的八卦,而是就这个事件来聊一聊——企业与经理人之间的关系。

我相信当一个组织遇到麻烦的时候,我们总是寄希望于某种神丹妙药,希望一个绝世高人出来一挽乾坤,希望哪个英雄能拯救四方,但结局却往往差强人意。

企业如何处理与职业经理人的关系?

当我们聘请曾经的"绝世高手"进入组织的时候,我们应该注意什么?这是我们要讨论的重点。

第一，信任的问题。

如果你的企业和组织遇到很大的危机，或者要做一个非常重大的项目，你恰恰没有这方面的人才，你通过猎头、通过好友介绍，找到了一位背景显赫、出身名门而且拥有成功经验的经理人，除了信任，你还能做什么呢？

信任说得简单，很多创业者也说，我请了一个高手，我就要信任他，就要授权给他！但真做到这一点的寥寥无几，很多时候创业者与经理人之间的关系往往就是"叶公好龙"。

信任往往是 0 跟 100 的关系。

什么叫 0 跟 100？当职业经理人刚上任的时候，创业者对职业经理人是 100% 的信任，因为他所有的希望都寄托在职业经理人身上。当职业经理人开始做一些工作、出现一些失误、前期有些磨合困难的时候，由于很多顽固势力的投诉、报告、诬陷，创业者对职业经理人的信任又从 100% 的信任归到了 0。

其实归根结底，信任来源于良好的公司管理。没有公司管理何谈信任？没有一个完善的管理评价系统，信任也就无从谈起。你可以今天有 100% 的信任，明天却根本不信。

其实从中国足球的例子可以看到：我们希望世界杯冠军球队的总教头能带领我们踢出好成绩，但我们对他的战略既迷信又怀疑；对他的行动一味干涉，互不支持，谈不上信任，所以拿不到好成绩也是理所当然的事。所以，建立信任实际上是要建立一个好的公司治理模式。

第二，给予宽容。

什么叫宽容？当你请一个高手进公司，他需要了解情况，你要给他足够的时间。当然了，我们往往是希望花高价请来一个高人，短期内就给自己带来一个非常好的绩效。

其实任何事物的改变都需要一段时间。春种秋收，其实大自然带给我们的道理在企业当中依然适用。如果没有足够的时间、足够的宽容，前期建立的信任也没有生存空间。所以真正的领导人对于职业经理人的态度应是宽容。

我们前面讲了信任是建立在公司治理结构完善的基础上的，如果没有好的公司治理结构，你也无法认真地对待职业经理人，又何谈宽容？你根本不会给他时间。

企业如果只是以短期赢利为前提，就像足球比赛一样，以一场比赛的胜负为前提，这样的企业就很难拥有一个长期的发展。所以没有长期的战略，就无从宽容。因为无法看到你请的高手充分发挥，最终结果就是不欢而散。

第三，结果与选择。

我们的绩效指标要更关注知识经验的管理与系统的建设，而不仅仅是短期的业绩改善。

很多企业领导、董事会找职业经理人的目的就是要在短期内改善绩效，希望用一剂特效药解决企业长期形成的顽疾。

世界上哪有这样的好事？！

我们要认真地想想，为什么要请职业经理人？是因为他拥有出色的背景，他曾经拥有的光环，还是他在曾经服务过的企业中获得的经验和管理精髓？这些能不能拿来为我们所用？这是非常关键的。应该作为对外来的职业经理人考核的重点，要考核他能不能把最宝贵的经验跟系统留在自己的公司，如果能，那么在一段时间内花了大价钱也是值得的。

如果没有先进的思想理念，不能帮我们建立一个高效的体系，短期的一两场胜利其实根本不能改变什么。那只是打了一两针的强心剂而已。

最后一点也是非常重要的一点，世界上没有什么真正的妖怪神仙，我们不要太过于依赖所谓的权威和专家。

真正的高手，往往成长于企业的内部，我们更应该眼睛向内看，从内部找到了解我们的企业，熟悉企业文化，善于利用我们系统的人。很多职业经理人因为曾经接受的文化、系统背景的不同，很难融入其他的不一样的管理体系；即使融入，也需要花大量的时间、精力和成本，那么聘请这样的人从性价比来讲可能就不太合算。

我们创业者总想用快餐式的方式来解决管理问题，其实所有组织的胜利都是要成立自己的"黄埔军校"，培养自己的骨干人员，才有可能得到真正的改变。

中国足球实际上只要输了，我们就会想到青训，想到少训，想到一个足球体系的建设，而不仅仅是要求成年足球队的队员拿成绩，因为到了成年他已经定型了,很难有办法改进了。

希望我们通过里皮事件,更能深刻地理解职业经理人与组织之间的关系。

03
管理体系建设系列
——能人不能

有句俗话叫作"细节决定成败，执行决定未来"，在战略清晰的前提下，明知道自己有一个什么样的未来，却做不好，这是为什么呢？

我曾经服务过一个客户，他是做卤货食品生意的，如铁鸡蛋、鸡爪、鸭爪等小食品生意做得风生水起，经营了几年就做到2000多万的产业规模。

这位创业者眼光也很独特，他发现自己的小作坊式生产是不行的，因为卫生条件不太合格，国家对于食品卫生的安全检查也越来越严格，如果再继续生产下去一定会出问题。所以他特意买了一块地，建了一个比较有规模的工厂，2000多万的生意也足以支撑他把这个工厂做得更好。

创业处于小作坊阶段时，他有很多的办法进行销售，把生意做得很好，但是有了工厂，管理就变得复杂了。以前，只关注销售就行了。现在不能像以前那样没有计划地干了，需要关注很多事情，如生产计划、工艺管理、采购管理、新产品研发、设备维护、产能平衡、现金流的管理等。刚开始，他亲自抓生产，销售全权委托帮他起家的销售经理。问题来了，曾经合作默契、身经百战的销售经理总也完不成任务，以前花不完的现金流竟然变得非常紧张，产品成本降不下来，质量也经常出问题，请了"高人"，但是发现实施起来却很难操作。

创业者虽然有了明确的战略目标，工厂也建起来了，但是最终却被迫把工厂卖掉，资产清盘，退出了这个行业。

从上面的案例中我们可以看到，当创业者战略很清晰要做转型的时候，有的时候是因为转型过快，下面的系统无法适应，有的时候甚至根本就没有系统。

其实任何一个战略，当它定下来之后，你首先要建立的是执行系统。执行系统是基于整个团队的心智模式建立起来的，即大家是不是跟你的想法是一样的，是不是适应你的眼光。对于很多创业者的战略，其手下的人是不理解的，因为曾经的系统无法支持新战略，所以团队的心智模式就一定要转变。比如上面的案例，那个创业者从销售导向转向生产导向的关键时刻，整个团队都没有做好准备，导致旧的组织体系和人员经验与新战略不匹配，不能完成新的任务。

那么如何解决这些问题呢？

第一，专业的事情要交给专业的人。

如果那个创业者只专注于销售与品牌建设，把自己不擅长的生产外包，可能就会好很多。有一个品牌叫"三只松鼠"，只在品牌包装、渠道创新、品控上下足功夫，没有工厂却很成功。

第二，转型期要循序渐进。

当一个战略清晰有效地表达出来之后，系统的建设却不是一天就能建成的，它需要一个长时间建立的过程。作为一个创业者，你是否能忍受在建设系统当中所犯下的错误，是否能忍受在前进道路中遇到的种种挫折？很多创业者是叶公好龙型的，战略虽然明确，但真正遇到了风险就打退堂鼓，所以系统一直无法确立，也就一直是混乱的。

作为一个创业者是非常不容易的，想要有一个明确的战略更不容易。当有了战略，执行就成为重中之重，执行的系统就是保证战略成功的关键要素。

04
管理体系建设系列
——是绩效问题吗

公元前 202 年，垓下之战。

汉军适时发起战略追击，调兵遣将，不到一天的时间歼灭十万楚军，它既是楚汉相争的终结点，又是汉王朝繁荣强盛的起点，结束了秦末混战的局面，统一了中国。

当年西楚霸王项羽非常勇武，有很多的战术方法，是以武力出众而闻名的武将。可是垓下之战，项羽四面楚歌，手下仅剩二十八骑，项羽指挥这二十八骑，来回冲阵，再次杀开了一条血路后向南至乌江边，自觉无颜面对江东父老，于是就让手下都下马，与汉兵短兵相接、近身肉搏，项羽更是凭借一己之力就杀掉汉军数百人。

但终究寡不敌众，手下二十八骑都死掉了，他自己也被刺了十余刀，西楚霸王项羽虽然个人武力出众，但寡不敌众，最后自刎于乌江。项羽的失败有很多原因，战略的短视是其中重要的一点。

历史事件与现实当中的很多事情都有巧合，我们在企业管理当中，很多老板也是像项羽一样非常有能力，但是企业业绩却一路下滑，他们往往会讲"我是很努力的，就是员工不行"。

很多创业者认为业绩的问题就是员工的问题。

有一个上海的客户，他请我去做绩效管理顾问。"我有一百多个员工，包括我自己有五个经理，可是他们都听不懂我的话，每次都不能达成我的要求和目标，无法上传下达，我认为一定是绩效出了问题。陈顾问，我需要你帮我做个有效的绩效管理方案，让他们努力工作，把事做好。"

我听了他的描述后问他："你为什么要做绩效管理啊？以前怎么没有做啊？"

"以前挣钱太容易了，我每年差不多都能挣1000多万，只是今年竞争激烈，生意难做了，我没有办法来遏止公司的业绩下滑，而广告费又减不下来，所以我必须要做绩效管理啊。"

那位老板是典型的理工男，绩效流程这些内容做得已经很细了，比如总结了《销售成功的28条绝技》《客服部27种开发客户的方法》等，可是员工为什么总是做不到呢？

经过我的调研发现，客户公司的业绩下降源于竞争。由于海外电商利润诱人，越来越多的公司冲进了这个行业，其中不乏行业大鳄。那些新进入的公司用多品种、低价格的办法对市场进行了猛烈冲击，导致他整个的跨境电商事业受到了影响。在这样的行业背景下，如果不做战略调整和结构创新，只强调个人绩效是无法改变全局的。我劝他把绩效咨询改成了战略咨询。

前几年他的成功是靠什么呢？或许就是一种偶然。他当年是赶上电子商务的大潮，竞争者较少，他本身又是做软件出身的，一下子就有了一些先发优势，赚了很多钱，不需要过多地考虑战略方向。当市场环境发生了改变，一切就变得无所适从。所以，企业家不仅要了解新技术、新趋势，更需要学习经济发展规律。

经济学中有两个很重要的名词，一个叫作经济周期，一个叫作产业周期。

经济周期就是经济运行过程中出现的阶段性的不规则的上下波动，一般分为衰退、谷底、扩张和顶峰四个阶段。任何一个国家都会受到经济发展规律的制约。当经济处于上行周期的时候，比如说我们改革开放40年，这40多年我们的GDP每年都有百分之十几的增长，这个时期你只要比常人努力，就有机会获得成功。

可是我们现在GDP增长从百分之十几降到6%，甚至更低的时候，你的生意就难做了吧？

经济周期的规律，没有人能抵挡，你只能顺势而为。不光中国，当年的美国、德国GDP也都是两位数增长，现在只有3%甚至2%的增长，甚至负增长。国家经济体量越大，增长速度越慢，这是正常的。

产业周期是每个产业都要经历的一个由成长到衰退的演变过程。任何一个产业从导入到发展、成熟、衰退，是必须经历几个阶段的，你的企业在导入期就很艰难，但有增长的盼望；在发展期就顺利，成熟期体量就大；衰退期你就会步履维艰。

企业要获得持续成功就需要考虑：我们所处的产业到底在哪个周期上？我们遇到的困境如何解决？我们如何能通过对产品与技术的打磨，更多地满足消费者的需求，去解决行业的痛点？这些才是事情的根本。当然，如果能再借助一些先进的绩效手段，就会事半功倍。

所以归根结底，创业者要思考问题的本质，而不要被眼花缭乱的假象迷惑。

在创业的路上，我们会面临着非常大的困难，会面临着产业周期和经济周期的挑战，会从高利润向低利润过渡，这统统都是创业当中的障碍。

很多人成功靠的是什么呢？或许是偶然的成功，或许是他们的敏锐，或许是他们的勇敢。或许恰恰是这些偶然的成功给了他们信心，让他们认为以后这样做也会很顺利，所以一旦遇到业绩下滑，就会把问题归结到员工身上。

实际上我们会发现，在你真正做一件事情的时候，如果没有战略，当问题发生的时候，你就会把问题归结到其他因素上。你会像西楚霸王一样遇山开山，遇水渡水，但却永远在做老鼠赛跑的工作，不断地去忙碌，很辛苦，内心却越来越迷茫，总觉得付出了这么多汗水和泪水，却又不知道前途在哪里。

很多创业者都强调说，细节决定成败，所以很多企业更多关注的是方法和流程细节，却没有回头看看战略对不对，但其实关注细节的前提是确立战略。

有的时候并不是你做得不够好，可能是经济下滑，可能是因为你的对手太强大了。当你在竞争中无法超越对手的时候，你就要考虑是否要换个跑道了。在一个错误的地方停止，其实也是一种成功和进步。

一个创业者要求新求变，找到适合自己的竞争能力，这是最重要的。对员工的绩效管理固然重要，但它只是个必要条件，充分条件是我们的战略是否正确。

05
管理体系建设系列
——年终奖怎么发

首先,我要讲两个我提供过咨询服务的企业。

一个企业经营困难了五六年,但团队依然非常有热情,在总经理的带领下终于完成了赢利。

在完成赢利的那一年,公司能获利2000万左右,这家企业的创业者在发年终奖的时候,还是按照以前的惯例13薪进行了发放,年终奖也就是多一个月的工资而已。

可怕的事情发生了。

当他发完年终奖,过完春节之后,发现很多业务骨干纷纷辞职了。他百思不得其解,这到底是为什么呢?

还有一家企业正处在创业期,创业的路本来就非常艰辛,一路上会遇到很多的困难,年终发工资都有困难,怎么发年终奖呢?

这位创业者就一个一个地找员工去谈话,告诉大家企业的现状是什么情况。即使因为资金困难，他仍坚持把工资发放给员工，同时创业者个人对公司的股权重新进行了激励性的分配。

过完春节之后，这个创业团队不但没有像大家想象的那样分崩离析，反而更加团结，终于渡过了一个又一个难关，创造了新的辉煌。

实际上每年发年终奖的时候，都是很多创业者头痛的时候。

我在创业之前，在外资企业工作氛围比较简单，老外不太理解中国春节有多么重要的意义，一般就是13薪、14薪这样的概念，一年13个月工资、14个月工资，大家也不觉得怎么样。

可是自从我做了咨询，面对很多中小创业者的疑问，我才发现其实因为创业企业的员工普遍工资和待遇不高，员工希望通过完成一年的销售业绩获得绩效奖励，年终奖就成了重中之重了。

年终奖到底应该如何发？

我想无非要从内外两方面进行思考。

所谓外部思考，就是思考我们的企业这一年当中到底经营得如何，业绩有什么样的提升，有没有一些重大项目的收入等。

如果你的答案是正向的、是好的，有非常好的收益。那么，你应该按照比例年底多分大家一些钱，让大家一起高兴。

另外，如果企业遇到很大的困难，经营出现重大的失误和亏损，这样的情况，其实员工也心知肚明，但最重要的一点是你要在发年终奖的时候，跟员工进行非常好的沟通，说明企业真实的情况，把物质奖励改变成精神奖励也不失为一个好办法，因为外部的经营状况必定影响年终奖的发放。

内部的依据是什么呢？内部的依据实际上是两个指标，一个就是日常的行为表现，一个是关键的业绩指标。

不论怎么讲，年终奖发放除了考虑企业经营的状况之外，还要考虑每一个团队成员的表现。当然根据绩效情况，表现得好，发得当然就多。关键性的指标跟日常行为表现的比例应该是关键指标占到60%~80%，日常表现占到20%~40%这样进行分配。

除了你要有分配的标准之外，其实还要更多地考虑人为的因素。如果你的创业团队、你的企业刚刚开始起步，那么有一点要清楚，中国人讲叫不患寡而患不均，这个时候更要同甘共苦。如果是家族企业，其实更应该注重人情、人性。

我曾经在一个百年的香港企业工作。有一年，我们的大老板来到公司视察，视察之后给每个人发了2000块钱的见面礼，然后偷偷把我叫到一边，塞给了我一个1万块的大红包。大老板为什么这样做？这是因为他想让我感受到他对我的特殊重视。

当然分配问题永远都是企业的大事，做好分配对于更好地留住人才、持续发展至关重要。

06
管理体系建设系列
——如何败中取胜

前两天有个客户遇到一个难题,他的生意规模从几亿跌到了6000多万。

这是一家商贸企业,老板面对着企业持续亏损的状况一筹莫展。

其实像这样的难题,近几年很多的创业者也遇到过。当经济下行的时候,我们就会遇到这样那样的挑战。那么,像这样类型的商贸企业该如何面对经营呢?现在我从外到内来讲一讲我的方法。

从外部来看,贸易类企业一般都是通过产品与渠道来获胜的。

产品部分我们大概分析一下,在经营的产品当中一般有四种类型:第一类就是销量好、利润高的,我们管它叫作明星类产品。

我们手中这类产品有哪些?如果不够,能不能通过外部采购、增加新的供应商来获取?

我们都知道代理一些知名品牌商品是获得收益和销售额的有力保证，如果我们手里没有这方面的品牌，在新的年度，我们就应该争取找到这样的产品。

第二类是销量很大，但毛利比较薄的产品。

在我们经销的产品当中，有些产品销量足够大，但是因为价格透明、竞争激烈，所以对这类产品我们要想办法控制费用，因为销量大，你的费用一旦控制不善，可能不但不赚钱，甚至会赔钱。

所以在这方面产品的销售过程当中，我们要精打细算。

第三类是瘦狗类产品，这类产品销量很少，利润也很微薄，是在经营当中需要砍掉的产品，因为它浪费了我们很多的资源。

第四类是很有希望、利润很高的产品，但是目前的销量还不大，往往是新采购的商品。我们还需要通过调研，看看今后有没有机会。

我有个老客户，他拥有一家调味品经销公司。当年他发现了一个酱油类的新产品———一款特别鲜的酱油，利润很高，但并没有知名度，销量也很少。

他经过认真策划，把所有精力投入到培养该产品的销售跟渠道上，通过几年的努力，竟然把这个单品从区区的一两百万销售额做到一两亿的销售额，公司完成了一个质的飞跃。

所以对于目前不起眼但是非常有希望的产品，我们应该增加各项投入。

通过对产品的规划，我们会发现，当我们了解到产品的特点后，还要了解渠道发生了哪些变化。

做商贸企业，往往都会有批发商、零售商，在传统的批发商、零售商渠道当中，我们获取一定的份额。但是现在因为电子商务、网红经济的出现，我们就要对新的行销渠道进行投放，获取关注。

新的行销渠道会占领很大一部分市场份额，很多企业批发业务会从几千万掉到几百万，是因为很多批发业务被互联网抢走了，那么我们怎么去拥抱"互联网+"，来保证我们的销售额重新提升，回到我们预计的轨道和目标当中呢？

从外部角度就是要增加好的产品，把不好的产品去掉，在销售渠道当中增加对渠道的管理，增加新渠道的开发。这样的话就有可能在销售营销领域把销售额做上去，把利润做上去。

内功是什么呢？实际上贸易类企业的内功体现在仓储、物流、办公、财务这四个方面。

比如说在生意好的时候，可以享有大办公室，可以部门齐全，可以分工明确；但当遇到危机的时候，可能就要节俭、控制一下办公费用，缩减组织结构，让人员更加精干。

要仔细研究物流成本，分析在物流成本当中是否可以降低一些物流费用？通过第三方物流也好，通过跟员工合作经营也好，来严控在仓储物流部分的一些支出比重。

最主要的还是算好财务账。很多贸易类的企业在生意好的时候，财务方面一般管得都不够精细。

一个企业，如果能在分析资金周转率、库存周转率、现金使用用途等几个方面有所突破，就可以通过一些业务手段来调整经营。例如仓库里的库存周转的次数越多，给企业带来的收益越多；现金流转的次数越多，证明效率越高。

加强内功对企业外在的营销会起到一个很有力的指导作用。

企业只有做到了内外双修，才能在劣势当中稳住阵脚，在优势当中发挥得更好。所以企业业绩下降并不可怕，可怕的是没有方法。当你掌握了一系列科学的管理方法，用了一些有效的手段，相信你的问题会迎刃而解的。

07
营销管理系统
——建立品牌的高地理论

生产者将燃烧过的烙铁举起，炙热的金属模具在产品上打下独特的烙印。这是古斯堪的纳维亚语 brandr 的含义，那时它代表着"燃烧"，如今它延伸为品牌……

现如今，品牌二字早已不能用"产品上的印记"这种简单说法来囊括。标记只是一种外在的表现形式，而品牌的核心在于向消费者传达某种思想，塑造产品的形象。换言之，建立品牌就是要在消费者心中塑造产品联想，占领消费者的心智。

提到可口可乐，你脑中会即刻浮现出咽下可乐时的舒爽感；提到 LV，你马上也会想到前不久刚刷卡带回家的那个包包。

产品一旦在消费者心中建立联想，消费者就不会再过多考虑价格。他们会自发地给予产品高信任度、文化属性，甚至赋予产品身份象征。

建立品牌之所以会给我们带来如此大的挑战，是因为需要保持消费者对产品的长期联想，而这就需要我们对产品的品质、形象、受众群体等各方面进行长期塑造。

大家对产品运作的理解，基本可以概括为商品成本加价。但如果只做到这一步，不论你的产品多便宜，都需要跟消费者讲价格。品牌则不然，因为获得了消费者的信任，他们愿意付更多的钱。

如何建立品牌？

高地理论

《孙子兵法》第十章《地形篇》有论述称：夫地形者，兵之助也。

在我国古代，两军交战都会先抢占山头。因为以当时的武器条件来看，占领高地就基本等同于手握胜算。即使是现代陆战，"攻山头"的战役就算打下来了也往往"惨胜如败"。可见占领高地，对于打仗来说何等重要。

想打赢产品变品牌这场仗，首先要掌握高地理论。特殊的包装、价格、质量、定位、受众人群等一系列独特的产品元素，就是你要占领的产品高地。

以经济学中影响需求最关键的要素——"价格"来举例：假设你的产品是面包，市场价是10元1个。如果你将面包的价格定为每个1000元，大家势必会格外关注你。当然，盲目定价并不可取，这里只是为了方便大家理解举的一个极端定价范例。

简单来说，品牌高地理论类似于当今被大众纷纷效仿的网红经济学思维。意在快速引起消费者注意，让消费者顺利产生相关记忆。接下来我们要做的就是让目标群体产生需求欲望！

欲望模型

欲望,是促使每个人产生购买冲动的原始力量。引起消费者注意后,想获得长期消费行为就必须实现长期需求转化。如何让目标群体的需求可持续?这就要求我们跟踪消费者的需求,持续满足他们的欲望。最终产生产品黏性,从而形成品牌联想。

一百多年前,箭牌口香糖公司发明了一种可以随意旋转的六棱形货架。他们将这种货架免费送给目标客户,货架位置可以随意摆放,但货架上必须摆放三盒口香糖。白得一个如此实用的货架,口香糖也不贵,面对这个捡便宜一样的活动,经销商们纷纷表示接受。

当客户快卖完一盒口香糖时,箭牌口香糖公司的业务员就会到店里跟客户说:"这样空着很难看,您要不要再采购些口香糖,也好把空位补上。"就这样,经销商逐渐被货架套牢,消费者也逐渐习惯消费箭牌口香糖。

对经销商而言,货架就是一个欲望模型,产生使用习惯的过程就是欲望转化的过程。原本他们并不想买箭牌公司的口香糖,只想要个货架占个小便宜。但使用货架后逐渐习惯,再加上整个销售的跟进,经销商就形成了消费依赖。这其中的精髓是建立欲望模型,再将欲望有形化,最终形成品牌依赖转化。

持续投入

建立品牌并不是一劳永逸的过程,需要持续进行投入。为了保持在消费者心中的形象，我们必须延续欲望转化。而延续欲望转化就需要我们对"高地"进行持续占领，否则，你的品牌只会是昙花一现。

20世纪八九十年代，"柯达时刻"这四个字，在当时被大众泛指为美好且值得留存的记忆。那时的柯达品牌深入人心，而现在"柯达时刻"却象征着企业经营的黑暗魔咒。

我们都知道柯达是因为没能跟上数码时代的潮流被迫垮掉的，但其实早在1975年，柯达的工程师史蒂夫·萨松就开发出了世界上第一台数码相机。然而，当时柯达高层因为不想放弃胶卷业务带来的丰厚利润，坚决反对继续对数码相机技术进行投资。放弃新技术投资的短视行为，最终让柯达错过了从胶卷时代向数码时代转型的最好时机。

类似这样的例子我们身边还有很多。像辉煌时连续十五年占据手机市场份额的第一把交椅，却折在技术转型上的诺基亚；再比如当年充斥着我们能接触到的各个广告渠道、连续三届奥运会获得运动员专用运动补剂殊荣的太阳神口服液……

这些名噪一时的知名产品，现在均已退出历史舞台。可见，没有持续性的投入和改善，你建立起的品牌终将付诸东流。

要建立品牌：

（1）引人注意——高地理论；

（2）需求转化——欲望模型；

（3）用户黏性——持续投入。

实现品牌忠诚，并不是那些国际奢侈品大牌才能达到的理想状态。掌握正确方法，你也能成为于贝尔·德·纪梵希！

08
营销管理系统
——占领品牌高地

世间万物都逃不开"从无到有，从有到无"的定律，看似难解的谜题也无外乎囿于思想、行为和时间这三大因素。正所谓，思想催化行为，行为受限于时空。

所以，想成功塑造一个品牌，想让消费者从无到有地对品牌产生认同感，我们首先要占领他们思想上的高地。

1. 情感高地。

关键点：切中消费者情感。

人是感性的动物。我们不得不承认在做很多决定时，理性往往会受制于感性，而这恰好就是品牌塑造的突破点。

2020年新冠肺炎疫情在武汉暴发，有个叫"辛巴"的网红捐了1.5亿元。看到这条新闻后很多人都会上网查一查"辛巴"是谁，于是"辛巴"从普通网红一下子变成了网红品牌。

2008年"5·12"大地震后的汶川,牵动着每位中国人的心。全民捐款,举国营救,众多实力企业带头捐款几百万甚至上千万。当还只是一个小小地区性品牌的王老吉宣布捐出一亿时,全民为之震惊!备受鼓舞的民众高喊上一罐买一罐,一定买光王老吉这个"嚣张"的大爱企业!一时间,全民抢购王老吉,一个现象级的销售事件横空出世。

王老吉在国难中的大爱举动,获得了国人的情感认同,占领了消费者的情感高地,从而一举从广东地区走出来,成为全国性的凉茶品牌。由此可见,新品牌占领情感高地的关键点在于找到合适的契机。

2. 文化高地。

关键点:独特产品文化内涵。

夜空中的月亮为何如此耀眼?海面上的灯塔为何分外醒目?鸡群中的仙鹤为何如此高大?因为它们明显区别于周遭事物,突出了自己的不同特征。

最近兴起的小罐茶,区别于大众化的茶文化,以大师制作、高端商务为产品定位,把再常见不过的茶叶变成了少数人享用的奢侈品,创造出一个崭新的品牌形象。

虽然它能否继续成功走下去我们尚未可知,但从成功建立产品文化、吸引广大消费者眼球的角度来看,小罐茶无疑是成功的。

3. 价值高地。

关键点:突出产品价值。

如果你最喜欢的作家,把原来你已经买过的所有书籍重新修订后,全球高价发售100套典藏版,你会再买一套吗?当你的朋友提出质疑时,你会说什么?

"会,因为值得。"

任何产品的立足点最终一定会落到价值上,打造品牌更是如此。当你的品牌还未被消费者熟知时,想要突出价值,可以从以下几个方面来实现:

比如说包装上贯彻专业设计师的独特设计理念,让产品富有设计感;价格上,比普通产品定价高出一个档位,或者性价比超高让消费者觉得物超所值;再比如让你的产品具有收藏价值,甚至今后会有升值空间。

4. 阶层高地。

关键词:找准阶层代言人。

在社会中每一个阶层都有其极具代表性的人物。如果你的产品能够在这些阶层代言人的日常生活中得到展现,那你的产品就成了这个阶层的特有品牌。

一些受民众爱戴的政界人士及其夫人的衣品一直备受好评,特别是其夫人在出席活动时的穿着屡次被网友热议。她们的御用服装品牌,甚至是生产类似款的品牌,都一跃成为知名服装品牌。这就是营造身份高地的效用所在。

5. 功效高地。

关键词:独特产品性能。

任何产品想变成品牌,除了外在包装因素外,本身的功效性也对其长远发展有重要影响。如果产品能在功效上独树一帜，那它所树立的品牌将会更容易得到市场认可。

专治跌打损伤的红花油、专业消肿止痛的云南白药、专门抗疲劳的红牛功能性饮料……这些能满足消费者独特需求的产品，最终都成为各个需求市场的标志性品牌。

可见，产品的性能不只体现在价值上。如果能在消费者使用过程中带来独特功效，便是站在了品牌塑造的高处。而消费者的这份独特使用体验，便是品牌最好的天然推广。

6. 专业高地。

关键词：行业匠人定位。

想把某种产品打造为品牌，就要将产品的独特制作工艺、把控质量的用心程度、打磨产品所耗费的时间成本等一系列专业性因素都发挥到极致，就像我们常说的钻研某个领域达到偏执的程度。

提到乒乓球，我们会想到国乒张怡宁等"大魔王"，但我们无法想象他们数十年如一日的高强度训练。

这就是专业，达到专业程度你就会被当作行业的代名词，就会具有极大的品牌效应。所以，当你的产品成为某种工艺的专业代名词时，那么，消费者的品牌忠诚对你来说已经唾手可得。

7. 感官高地。

关键点：设计产品记忆点。

想让产品在消费者心中留下印记，它的色、香、味、形甚至名称，都需要精心设计。单求一个"好"字远远达不到品牌传播的目的，受欢迎、易记、朗朗上口才是理想状态。

几十年前,为了推出大大泡泡糖这个品牌,工作人员开了将近一个月的命名会。后来,他们发现孩子在几个月大时只能发出像爸爸、妈妈这类简短的单音节词,"大大"由此而生。

以上,便是占领消费者心智的品牌高地法则。当然,这七个高地你并不需要全部拿下。快速抢占其中一个,并且抢占的高度足够高,你的品牌梦便能付诸现实!

地形者,兵之助也。先来占领品牌高地吧,它将助你打开品牌忠诚的艰难局面!

09
营销管理系统
——打造品牌欲望模型

将各项身体指标正常的小白鼠放入盒中饿两天，第三天将其取出，放入有左右两个出口的迷宫模型中。在迷宫左侧出口处放一块奶酪，老鼠会循着奶酪的香气最终选择左侧出口通过。多次重复以上操作后，实验人员发现，就算不在左侧出口放奶酪，老鼠依旧会选择这条路径快速通过迷宫。

这是心理学研究中，有关人类行为习惯的实验案例。由于老鼠的神经系统与人类极为相似，研究人员常常通过观察老鼠的行为表现来推测人类的行为规律。

如果说觅食是老鼠的行为动机，那奶酪就是它建立路径依赖所依托的物质。即便后来已经没有奶酪，老鼠也会选择已经形成习惯的路径通过。

其实，实现品牌忠诚就是一个培养消费者购买习惯的过程。如果你的品牌能在消费者进入市场迷宫前营造一个购买动机、在出口处提供一块优质奶酪，那你的销售任务就只剩在出口外放一台 POS 机（刷卡机）了！

建立欲望模型，实际上就是帮助消费者建立购买习惯的过程，让消费者形成自动化反应，对产品没有抵抗力。欲望模型理论主张把消费者内在的某些欲望借助某种媒介来实现转化。

建立欲望模型可分为三个步骤：
1. 营造购买动机。

现如今，家乐鸡粉成了中国老百姓日常烹饪的必备调料，几乎家家户户的厨房里都能看到由联合利华出品的家乐鸡粉。其实，这款几乎已取代味精的爆款产品，在初入中国市场时曾一度陷入困境。20世纪后期，家乐在中国推出鸡粉产品，但当时中国大厨在烹饪最后阶段基本都是用味精提味的。因此，在欧美卖场销售十分成熟的家乐鸡粉，初入中国市场时反响十分惨淡，并不受大众欢迎。针对这种情况，推广人员设计了一个开盖有奖，最低现金五元的活动。

使用鸡粉就有钱领，这等好事大厨也无法拒绝。就这样，家乐鸡粉这个起初不受待见的外来客，凭借自己的好味道，在一个个大厨的开盖有奖中走向中国的千家万户……

开盖带来的返现奖励，就是家乐鸡粉为消费者营造的购买动机。当然了，动机之下，产品质量也要过硬才会有后续发展。

2. 刺激购买欲望。

提到购买欲望，就不得不提到 AIDMA 理论模型了。

AIDMA 理论是消费者行为学领域很成熟的理论模型之一，由美国广告学家 E.S. 刘易斯在 1898 年提出。该理论认为，消费者从接触信息到最后购买，会经历五个阶段：

A——Attention（引起注意）；

I——Interest（引起兴趣）；

D——Desire（唤起欲望）；

M——Memory（留下记忆）；

A——Action（购买行动）。

AIDMA 理论完整诠释了实体经济中消费者的购买行为，但随着网络时代的到来，日本电通集团又提出了基于网络购买消费者行为的 AISAS 理论。

AISAS 理论更加准确地概括了网络条件下，消费者获得信息、分享信息的能力。即前两阶段和 AIDMA 模型相同，第三阶段 S 为 Search，即主动进行信息的搜索；第四阶段为 A，即达成购买行为；最后一个阶段 S 为 Share，即和他人分享购买心得。

以上两个理论模型的加入是为了让大家更多维地了解消费者购买行为，以便更好地搭建欲望模型。刺激购买欲望的方法其实在日常生活中十分常见，比如新品的免费试用、前期的低价尝鲜、会销模式等，涉及很多市场销售的相关知识。

面对优质的产品 + 免费的体验 + 可承受的价格，进入免费体验欲望模型中的消费者，谁会不对品牌持续心动呢？

3. 维持依赖周期。

21天可以让一个习惯从无到有，90天可以把这个习惯固定下来。人类任何习惯性行为的产生，都需要一段时间来多次重复。想让消费者对品牌产生购买的路径依赖，我们就需要在一定时间内维持他们的购买欲望。为什么箭牌口香糖的六棱形货架变成了"欲望模型"？

免费的货架上摆放三盒口香糖，卖完一盒口香糖后，经销商便会接受业务人员的建议，继续购买箭牌口香糖填充货架。卖掉一盒口香糖的时间里，商家对货架的使用习惯逐渐养成，也看到了顾客对口香糖的接受程度。如果说货架是对经销商建起的欲望模型，那么卖掉货架中填充的口香糖所消耗的时间，便是维持购买欲望的周期。期限一过，刺激成本逐渐转为盈利收入，品牌忠诚在潜移默化中形成。

以上三点，就是打造欲望模型的三个步骤。动机刺激欲望，周期固定欲望，最终形成路径依赖。整体操作可参考如今随处可见、成本极低但每天收益可观的街电：手机充电是刚需动机，前期5小时的免费福利卡是欲望诱惑，为期一个月的活动期限是欲望周期，动机＋欲望＋周期＝一个行之有效的欲望模型。

你领会了这个"奶酪陷阱"的精髓了吗？

10
营销管理系统
——品牌管理

通过之前品牌高地理论和欲望模型理论的分享,想必大家对如何塑造品牌都有了一定的了解。但自古打江山易,守江山难,保持品牌的活力,对品牌进行有效管理,才是实现品牌忠诚的关键。

想保持品牌的活力,就要持续向品牌注入能量。

1. 加强渠道管理。

提到品牌管理,就不得不讲讲我之前受邀提供咨询的一个企业。

那是一家在当地有 30 年历史、备受老百姓信赖的调味品企业。这样一个有品牌知名度、有客户群基础的老品牌,当时却因为假货泛滥、管理不善等原因,营业额一度从上千万减少到不足二百万!

我和我的团队在了解到该企业困境后,尝试从销售渠道入手,将渠道从单一由批发市场分销转为在地级市、县级市铺设品牌经销商的扁平化分销；把服务从粗犷式的批发，转为以行动为导向的行销模式。

这种方式让品牌的原有渠道商，在一年之内从寥寥几个增加到100多个，企业营业额从不足200万升至1200多万。

在成功盘活这家老牌调味品企业后，同行业一家初创公司试图效仿我们给那家老牌企业的营销策略以求加速成长。在耗费大量人力、物力与财力后，最终发现收效甚微。

由此可见，拓宽渠道、加强品牌管理可以让老品牌起死回生，但却不能让一个新品牌快速成长。渠道管理是产品成功的关键因素，但这一切的基础还在于品牌的成功建立。

一个有30年历史的本土老品牌为何会出现这种问题？归根结底就在于企业经营者以为有了品牌就可以高枕无忧。虽然常言道"酒香不怕巷子深"，但品牌时代的产品竞争异常激烈，巷子也比以往更深、更多。倘若消费者找不到，任凭你酒再香也无济于事。

所以，当一个产品成功建立成品牌后，也不能刀枪入库等着坐享其成。光有品牌知名度，消费者接触不到，那你所有的前期搭建工作就功亏一篑了。正确的做法是加强分销管理，让产品与消费者持续进行接触，增加顾客黏性。这样，品牌才能持续焕发活力。

2. 与时俱进。

是否只要把渠道管理做好，企业就可以永葆青春？答案当然是否定的。

对品牌管理感兴趣的人，一定对宝洁这个有着"品牌教科书"美誉的企业不陌生。宝洁著名的营销理论——HBG（How Brands Grow）理论被业内人士奉为经典。即通过打造大品牌，利用大媒体、大渠道来提升自己的"渗透率"，让品牌能够被消费者想得起、买得到。

然而，不久前的退市风波险些让宝洁跌下神坛。纵观宝洁的发展史，曾经创造过多个品牌的高光时刻，也多次险些折在失速点。将"HBG理论"用到极致，逐渐成了像宝洁这样的快消品巨头发展的"护城河"。但时代的脚步岂会囿于这小小的护城河？

对互联网消费群体认知不够及时，加之对中国消费者消费能力增长的预判性不足，导致21世纪初期的宝洁依旧还执行着只向欧洲市场输出高消费品牌的策略。不能实时更新，不懂与时俱进，一成不变地沿用成熟套路，早晚会失策。

由此可见，随着消费者、媒体和渠道的快速变化，之前屡试不爽的大渠道、大媒体、大品牌策略终将有行不通的一天。互联网移动端的升级，迫使媒体宣传渠道做出改变；电商平台的强势发展，让传统的批发、零售渠道必须寻找新的突破点；国情及消费者购买能力的变化，也是品牌急需的关注点。那些知名品牌之所以能够长盛不衰，秘诀就在于与时俱进。

可口可乐在中国不同阶段的广告代言人，都会随着当时社会的发展而变化。活力、阳光、积极向上的新时代气息，是他们永恒的宣传形象宗旨。

曾经在蚝油界赫赫有名的荣记品牌，鼎盛时甚至被政府选为世博会的头牌产品。但在2015年，坚持原有工艺近100年的荣记竟然倒闭了！反观它的对手李锦记，却能顺应时代发展，坚持产品持续创新并实行工业化生产，最终一跃成为中国香港乃至全中国的知名品牌。

所以，成熟、有生命力的品牌，要随着消费者的成长不断升级。与时俱进的品牌，才可以永远活力满满。

企业要持续加强渠道管理，保持前进的步伐永不停止；持续紧跟时代潮流，抛掉过时的成功与时俱进。记住，能建立品牌，我们更要能保住品牌！

第五章

管理高效靠践行
——稳渡清晰有序

01
稳渡清晰有序

企业目标清楚了，方法有序了，高效系统建立了，创业者就实现管理自由了吗？当然不是！也许，他会比以前更忙，无论是低效能还是高效能情形时，都会如此。

1. 面临低效能情形。

系统建立之初，企业往往效率低下。这是因为人不愿改变已经习惯的行为和方法，而适应系统需要时间。改变心智模式是一个长期而缓慢的过程，我们把适应系统的习惯培养过程称作"模塑"。

想要得到球形的冰块，我们就需要准备球状的模具，而后将水注入模具中再放入冰箱冷冻。模具就是我们刚建立起的系统，水就是系统中的人，而冷冻定型的工序就是"塑"的过程。

管理系统一般建立完善的工作流程之后，通过信息化来达到稳定的效果，比如企业 ERP（企业资源计划）系统、内部 OA（管理协同）

系统等。但其实在信息系统引入之前,企业也存在临时的运作系统,员工可以灵活地运作和改动。

当信息系统加入后,以前的那种灵活度会受到严格把控。员工对新系统尚未熟练,中层干部还会提出强烈反对,这势必导致效率暂时性下降。所以对于类似这种"变好之前先变坏的"伪倒退现象,创业者要做好充足的思想准备。面对不升反降的效率,创业者往往会对新系统产生质疑。一旦不能坚持推进,会迫使企业频繁改变方法,形成倒退发展甚至回到其他范式!

所以,要想顺利通过低效能情形,创业者需要坚持推进,不断训练和激励员工适应新系统。

人一旦要做出改变,旧的心智模式总是会盲目地反复出现。为避免退步,创业者在坚持流程的同时,要持续对团队成员进行思想和行为上的训练、辅导。

加强企业体系培训和文化建设力度,加强员工技能训练。可举办内部竞赛,树立学习标兵,也可聘请第三方顾问团队来辅助系统实施。

2. 面临高效能情形。

系统高效运转,依旧不代表实现管理自由。

娇小玲珑的水滴状 KISSES(好时)巧克力具有醇香浓郁的甜蜜口感。作为北美地区最大的巧克力制造商,好时独立小巧的巧克力产品在美国一度排名第一,可它在中国却曾经栽了个大跟头!

十多年前,各地媒体相继报道"好时巧克力市场蒸发"现象。世界名牌好时突然放弃整个中国市场,这实在太过诡异。

拥有一百多年历史的北美巧克力界的老大,战略和系统早已足够成熟,为何当年会出现如此大的纰漏?究其原因,只有一个字——人。

系统的推进最后都会落实到人上,怎样让员工自觉、合规地高效执行,是企业面临高效能情形时的关键所在。

在企业战略目标清楚、绩效体系完善、流程效率高、收益可观的情况下,为使企业能够时刻保持这种良性的高速运转,创业者要严格把控制度,建立良好的员工激励体系。这就需要创业者最大限度调动员工积极性,充分发挥个人的领导力和工作激情;加强团队中每个人的领导力建设,建立学习型组织和长期有效的激励模式。

在物质上,要做到长期激励。比如把员工变成股东,进行股权激励。培养员工的主人翁精神,赋予每个人权力,发挥每个人的领导力。在思想上,要信任、尊重、欣赏每一个团队成员。通过企业文化的塑造,培养员工与领导者共同的使命、愿景和价值观。

所以,当你成功走过其他三个阶段,第四阶段想平稳渡过,你的关注重点就要落实在人的身上。

尊重人、欣赏人、信任人、把人当人,做到这些,创业者才能真正实现管理高效!

02
雇主品牌

我有个外甥在美国读研究生。他告诉我一个好消息,他被世界500强企业——亚马逊录取了。待遇非常高:每个月12000美元薪水,如果工作满4年,还会给8万美元的股票,更让人羡慕的是签约就会给他23000美元。

即使他读的是名校卡耐基梅隆大学,但一毕业就能拿到100多万元人民币的年薪,还是会让很多人羡慕得口水直流。但更气人的事还在后面,我的外甥并不想去这个企业。

他心念已久的是谷歌。他认为只有在谷歌才能发挥他的创造力,谷歌那才是人待的地儿。通过这件事,我们想讲讲关于企业如何雇用人才的话题,即建立雇主品牌。

古人云:千军易得,一将难求。现代企业的竞争不仅仅是产品的竞争,最核心的竞争是人才与人才的竞争。如果一个企业,将全球最优秀的人才垄断在自己手里,毋庸置疑,这样的企业一定会获得超额的利润。而这就是世界500强企业不断地改善自己的管理环境，不断地取悦员工的原因。

什么叫雇主品牌？就是站在营销的角度来提升雇主的影响力，去吸引人才的一种手段。在吸引人才的大战中，我们很早以前是靠钱，谁给的工资高，大家就愿意去。过了一段时间光靠钱不行了，靠什么？靠的是你所做的事有没有价值和意义！

马云喊出：我做阿里巴巴是让天下没有难做的生意！你看这是多有使命感的一句话。

接下来需要给人才提供一个非常宽松的环境。

有一则新闻说，曾经的钟表大国瑞士，是以生产机械表闻名全球的。瑞士的钟表工匠是世界上最善于做精细化部件的工匠，齿轮跟齿轮环环相扣，几乎没有误差，都是人手工做出来的。

有一次，一位高级钟表技师被关进了监狱。监狱管理人员希望能继续发挥他的技能，让他在狱中做手表，结果却发现他再也做不出以前那种高精端的机械表了。在一个桎梏的环境下，绝大多数人是没有创造力的，由此可见，要给人才创造一个非常好的环境，这也是建立雇主品牌的一个方法。

再有，作为一个团队乃至老大，领导者要有独特的性格和魅力。在中国很多人做事情是看人的，人才都是彼此吸引的。如果有一个非常有魅力的领导者在主持工作，下属就很愿意跟他去学习，愿意追随他。

当然了，企业能提供公平的薪酬福利是最基本的，如果你连最基本的薪酬福利都没有规划，你都没有比你的对手出价更高，谈什么吸引人才呢？

这里将建立雇主品牌总结为以下几点：

第一是企业战略层面，要重点描述你企业的使命跟愿景，让人才愿意和你一起为了理想而奋斗，而不仅仅是为了钱奋斗。

这对于初创型企业，对于大家还不了解的企业尤其重要。因为除了理想、愿景，你没有别的可以去吸引更优秀的人才。

第二是企业文化层面，企业是不是拥有一个很和谐的文化，人才在里面待得舒不舒服，是不是打破了传统企业的等级阶层，是不是把绩效管理变成自我管理则尤为重要。

现在很多好雇主都在讲企业的内部创业，让每个人都有做老板的感觉。这就是企业内部文化、内部价值观的升级打造。

第三是企业领导者自身修养与魅力的提升。

一个企业的领导者，如果他魅力四射，他就会吸引很多粉丝追随，我们叫粉丝经济。所谓英雄爱英雄，杰出的领导者，他的超凡特质本身就是吸引人才的强力品牌。

比如马云，很多人去阿里巴巴就是冲他个人去的，他的每次演讲都会赢得很多人的关注，这就是他个人品牌的作用。比如巴菲特，因为他的乐善好施和绝顶聪明的魅力，吸引了很多天才愿意到他那工作，所以他的公司也是全球最聪明的人愿意为之工作的地方。

第四是管理体系的设置。

一个企业，能让员工发挥无限的想象力，除了靠基本的薪酬福利、工作环境、职业发展之外，股权的设计也非常重要。

改革开放初期外企进入中国时，一个外企经理的工资往往是国企同职位工资的10倍以上，所以在最开始的时候，外企快速打开了中国优秀人才的市场，靠的就是它优厚的薪酬。为什么这两年不行了？因为我们国家整体薪酬上去了，大家差距不大，所以外企就丧失了吸引优秀人才的能力，很多外企也纷纷离开了中国，因为他不具备这样的竞争优势了。

所以在管理层面，我们应该有一个更好的管理体系，让我们的薪酬更有竞争力，保障人才无后顾之忧。

建立雇主品牌，成为最佳雇主，实际上最重要的作用是让你的团队、让你的人才产生高满意度，只有内部满意度、忠诚度有所提高，客户满意度才会随之提高。美国Symmetric公司曾做过这样的调查，员工忠诚度每提高10%，客户满意度就会提高4%。

在人才竞争越来越激烈的今天，希望每个企业都能够沉下心来，做好自己的雇主品牌，让人才都能够被你的品牌所吸引，从而获得更好的人才，拥有更强的竞争优势。

03
问题背后的问题

2019年是华为的多事之秋，其前员工李××被非法关押了200多天，获得了国家赔偿并上了热搜。

其中的是非曲直我们很难搞得清楚，但是据说在李××没有被辞退之前，他曾经找任正非要反映一下他部门造假的问题。

老总任先生也是按程序办事，说你应该先找你的直接主管反映一下，然后我们再谈，于是悲剧就此发生了。

这件事让我想起甲午战争前夕，曾经有一位年轻人向李鸿章写了一封洋洋洒洒的万言书：

他先是称赞了李鸿章的丰功伟绩，然后又大讲自己的抱负……

可是李鸿章认为这份万言书太小儿科了，随手一扔，后来的事就很麻烦。

这个人是谁？就是我们非常敬仰的孙中山先生。

有时在我们身边会有很多看似不起眼却很关键的事，当时我们没有在意，但它却产生了非常大的影响。

像孙中山因为一封万言书不被重视，再加上大清国的腐朽及甲午战争的失败，他就领导了辛亥革命，最终推翻了清王朝。

有一个理论叫作蝴蝶效应。说的是远在亚马孙热带雨林的一只蝴蝶振动翅膀的力量会让得克萨斯州二周后刮起飓风。可见很多微小事件产生的能量会颠覆你所有的认知。

当我们对一些看似微小却很关键的问题不太重视的时候，它产生的危机往往超出我们的想象，带来的负面影响更会使我们手忙脚乱。

所以，作为一名创业者，其实身边无小事。

作为公司的最高层面领导，应该深入公司的第一线，聆听基层员工的声音。可是，很多企业一旦做大了，就容易犯大企业病——官僚主义盛行，让各种流程繁杂。导致员工见到老板比登天还难，一个问题的解决要经过很多道流程。

员工因此对老板很失望，因为他无法把正确的信息有效传递上去。这样的信息隔阂给企业发展造成很多障碍，让很多奸佞小人在企业当中得以兴风作浪。

那么，这种涉及关键问题的小事，如企业的腐败问题，该如何杜绝，如何治理呢？

我们应该做到如下几点：

第一，要建立一套行之有效的沟通机制。

比如说设立总经理特别邮箱、特别热线、特别接待日等。用这类方法建立一个畅通的渠道，在特定时间、特定地点，以特定形式跟基层员工保持畅通的沟通和联系。

第二，坚持下基层。

作为高层，只有走下去，只有下到基层，才能体会到基层员工的真实感受和肺腑之言，倾听真正的劳动者的声音，从而改进工作。

第三，要从客户角度、利益相关者的角度，获取更多的信息。

比如说中石油、麦当劳、肯德基等大公司都请过第三方做神秘顾客来检验服务质量。

第三方以顾客的形式走进企业，发现问题，如服务标准、流程是否执行与贯彻，然后迅速反馈，让企业得以改进。

其实任何一件事情不论当时多么让人尴尬，但终究会过去。时间的长河会把一切令我们难受的事情冲淡，重要的是我们能否从这些尴尬的事情当中吸取宝贵教训，让企业充满正能量，真正成为国家民族的脊梁。

04
创业者的努力与坏效果

根据统计发现，很少有大公司的寿命能够超过人均寿命的一半，所以人们将有 50% 的机会见证自己所在公司的消亡。

尽管从适者生存法则来看，企业走向消亡是很正常的，但这种高死亡率如果只是一些深层问题的表面症状呢？

有没有可能业绩很好的公司也暗藏了很多问题，而越是努力解决问题，结果却反而越糟糕呢？

几年前我为一家新能源企业提供咨询服务，当时我对这家企业的印象非常好。这家企业是做煤改电项目的，从最初的两个人一下子就发展到了 50 多人，一年营业额有几千万，企业很有活力，经营策略也很有想法。

我就问董事长说："你对我有什么要求吗？"

他说："没要求，帮我管好企业就行。"

我问："管好的标准是什么？"

他说："简单啊，第一活干好，第二别出事。"

可是当我真正到企业的时候就发现问题还真不少，重点表现在：

1. 天天抓流程，可是工作总是混乱，总是做不完。

2. 天天抓质量和品质，可是事故频频发生。

3. 天天抓企业文化、人力资源管理，可是人心思动，人员流动率超过30%！

经过几个月的了解，我发现这家企业有几个特点：

第一，基本上属于一言堂。董事长说了算，总经理其实只有照办的份。

第二，管理界限不清。它是个集团企业，集团当中每一家企业都会在一项工程当中交叉作业，内部结算，责权利往往分不清楚；出了问题互相抱怨，从来不检讨自己，总是在说是别人的责任。

第三，不兑现承诺。领导希望员工为公司卖命，给员工很多口头承诺，可是真正到发奖金的时候，没有一个能兑现的；员工工资低，刚开始还对这个行业充满热情，可是工作一久又赶上旺季业绩压力大，不辞职才怪。

这样的企业实际上是很多中小企业的缩影，企业老总非常希望企业有战斗力，希望企业成为学习型的组织。可是他们经常会面临学习的障碍。我们来看一看主要有哪些障碍：

第一，推诿责任，难有学习意愿。

当一家企业一出现问题就说是别人的责任，是同行的责任、是对手的责任、是合作伙伴的责任，而不是自己的责任，这样的企业往往很难有学习的意愿。

第二，管理"家天下"。

很多创业者像大家长，希望科学管理，却又不敢放权，总想自己掌权，而不希望听取不同的意见，手下只有奴才没有人才。

第三，寄希望于"神医"。

这样的企业总是认为有一个好的管理团队进入，就能把企业管理搞好了，就能把企业氛围带上去，从来不从自身的文化根源上去思考，不从管理系统是否建立完善去思考。

其实任何一个好的管理团队，如果在坏的文化制度之下，慢慢地也会变得平庸。哪有什么神奇的团队呢？只有思想上改变，企业才会改变。

第四，缺乏信任。

很多中小创业者喜欢与员工斗智斗勇，对员工轻诺寡信。若团队内部没有互信，所有的沟通都将流于表面，这样的团队效率必然低下。

第五，狗熊掰苞米。

当一个环节出问题了，大家就来讨论解决这个问题；然后另外一个环节出问题，又去解决另外一个问题。从来不会全面思考，不去分析这个问题到底是因为什么原因产生的，其中最重要的点是什么。

比如说我刚才说的这家企业为什么质量经常出问题？是因为它的技术不成熟，总是不停地改变，没有积累，永远是新的东西，哪有不出问题的道理？

再有这家企业想降价，想降低成本，总是在做实验，工艺流程总定不下来。一个制造型的企业，如果没有一个稳定的工艺流程，一个稳定的运行环境，产品质量如何保证呢？可是它又只是强调每一次面对问题的不同，那工艺流程问题就永远解决不了。

其实很多企业之所以不能建立良好的管理体系，就是因为存在太多的学习障碍，只有努力破除学习障碍，才能建立学习型组织。

05
小经销商如何
逆袭完成5亿营收

大约在 20 年前,那时候我在外资消费品类公司工作,我下面一个经理开发了一个小经销商。

我和这个经销商没有见过几次面,但他给我留下的印象很深。我当时的经销商业务做得都很大,但他们有个通病:对财务一窍不通,全是糊涂账,虽说销售额做得大,到年底却总说不赚钱。但是这个小经销商做财务出身,公司财务管理得井井有条,到年底总还能赚点小钱,我就对他有了关注。只不过后来我做咨询,他做经销,互相了解得并不多。

最近我们重新见面,我发现他更让人刮目相看了。

这个客户一年的营业收入超过了 5 亿。更厉害的是他不光销售做得好,他现在还全国讲课,每次的出场费不低于 10 万元。我很好奇,参观了他现在的公司并向他求教,他如何能在这个行业一直坚持20年,而且越做越好?

他微微一笑说:"首先做事情要认准一个目标,然后要坚持。我们做的又不是高科技企业,我们是做食品粮油的。不论怎么变化,老百姓都得吃,所以你越坚持越有机会。

"其次,我是做财务出身的,财务抓什么?抓资产、抓利润、抓现金流,如果落实到具体业务来讲,就是抓销售额、抓利润、抓管理费用。

"这几项指标我已经很熟了。当大家还用手工记账的时候,我就用管家婆软件了;当大家开始用软件还不太熟的时候,我已经自己专门做了一个ERP系统,所以他们比不过我。再有做食品生意,最主要的是控制费用,这个费用主要在哪儿产生呢?

一个是控制残次品量。你看我5亿的生意,残次品不到2000块,厉不厉害?再有在物流管理上要下功夫。以前都是我买车雇人,结果发现这样不行:大家没有动力,而且会浪费很多。后来我让业务员自己投资买车加盟我们,倒过来了,责任是他们的,他们比我还认真,比我还省钱,所以我的物流成本降得很低。

"最后就是抓绩效。我去外面听课学习,我不只是对主要业绩指标进行管理,更重要的还在于对非主要业绩指标的管理,比如说我在怎样去调动员工的积极性方面,采取了比较先进的管理方法,而且贴合实际。我认为让员工工作充满积极性,实际上就是抓了绩效管理。"

当我听完这个客户陈述的时候,我不禁有些汗颜。虽然我们都是做管理的，但他在实践当中却能总结出来一套将企业做久做细的办法。

其实企业能不能做得久，跟你所处的行业有关系。

如果你所在的是高科技行业，只有不断地通过技术创新，才能维持企业的活力。可是绝大多数创业者都是在传统行业里打转的，尤其是做食品的、做日用品的，没有什么太多的技术改造空间，拼的就是服务，拼的就是经营管理能力。

所以，想做一个长久的企业，除了坚持之外，你要有三抓：

1. 严抓财务。抓财务不仅仅是要抓销售额、抓利润，也要抓现金流、抓费用。只有对财务非常了解，你才能真正分析企业的优势跟劣势，真正找到问题所在。任何一家企业能长期发展，财务一定是健康的，现金流一定是充足的。

2. 狠抓运营。什么叫运营？就是企业平常的生产、营销、服务。如何抓运营呢？我们所有的运营其实都为了顾客。凡是顾客反映的问题，凡是内部员工提出的建议，作为创业者都要认真地聆听，认真地思考如何改善。在运营当中打好提前量，考虑到客户和员工还没有考虑到的问题，这样你才有可能把工作做得越来越细致。

3. 稳抓绩效。绩效考核是企业持续发展的动力。我们都知道多劳多得，少劳少得，但是如何让员工认同绩效考核，其实要下大功夫，不能简单地一刀切。要根据员工的职位特点、知识水平、能力状况来设计适合他理解的绩效考核标准，记住，真正被理解和认同的绩效考核才是有用的。

所以，我们很多企业在做绩效考核的时候容易生搬硬套，这是没有用的，也没有效果。

我那个经销商客户在绩效考核设计上就很有新意：考核业绩指标与费用指标时引入股份制与承包制，让员工成为主人；日常管理采用积分制，物质奖励与精神激励相结合。

一个好的绩效考核标准一定是让所有的人都愿意去遵守，愿意为之奋斗的，真正把绩效当成一种文化，你企业才能真正做到持续发展、基业长青。当然了，绩效制订的标准也要根据不同时间、不同特点、不同任务进行变化，并不是一成不变的。

06
不用绩效，
他如何节省700万

我曾经为一家快消品企业做过顾问，这家企业一年有二三亿元的营收，但因为行业利润微薄，净利润也就在3%～5%，二亿元的营收差不多也就只有600万~1000万的利润。

那么，占费用最大的是什么？答案是物流。

这家企业想了很多办法减少费用，将绩效管理落实到人。但是不论怎么管，物流费用都很难降下来，总是占他们整体营收的7%左右。怎么办？有什么好办法？

这家企业的创业者也到处听课，用了很多绩效管理办法，但一直没有解决难题。他发现任何一个新的手段在刚开始好用，但过了几天就会被员工破解。

最后我们分析了原因，发现单纯靠监督、靠管理、靠绩效是很难解决问题的。所以,必须采取另外的方法。

我们把所有的车辆按照折旧估值,以比较便宜的价格卖给员工,接着租赁员工手里的车辆完成原来的物流工作。只是做了这样一个改变,一年下来,竟然发现物流费用从7%降了到3.5%,节省成本700万以上,相当于净利润翻了一倍。

为什么会这样?其实,每个人都是自私的。当成本变成是要由自己来支付的时候,他就会全心全意地寻找改变的方法和窍门。

通过这个案例,我们会发现做决策时一定要找到问题的关键所在。

细小的改变,常会带来巨大的变革,但是这个杠杆的支点需要人们耐心细致地寻找。当你找到了真正的支点的时候,整个世界就会发生变化了。

有个农场主养了很多牛马,临终前他要把财产分给两个儿子,可这些东西都是活物,很难平均分配。两儿子吵得不可开交,农场主想了个办法,他把两个儿子叫到面前说:"我这有两匹马,你们各骑一匹。现在比赛谁的马跑得最慢,谁就拿得最多。"

提议出来后两个儿子傻眼了,他们骑上马谁都不敢快跑,就停在那一筹莫展。

终于有一个智者说:"不用着急,你们把自己的马和对方交换后再比赛,这样谁的马跑得快,谁的马跑得慢就清楚了。"

07
种瓜未必得瓜

2019年8月,《华尔街日报》有一篇报道,说美国前总统奥巴马非常生气,原因是现任总统特朗普把股票上涨、就业率提升等功劳都归在他自己身上,认为是他施政得当所致。但奥巴马认为,如果不是因为自己在任八年的改革取得了成效,哪有今天的美国。

2020年3月,美国股神巴菲特说一辈子也没见过这么多次股市"熔断",美国股市又回到了特朗普当政前的状况。

这虽然是个茶余饭后的话题,可联想到我们平时的思考习惯,因和果之间的关系也会让人悟出几分道理。

我有个好朋友,当年我们几个人共同参与了他的创业项目。他要代理一款普洱茶,我们帮他寻找到当时中国排名第一的普洱茶品牌。

因为卖品牌茶的利润不太高,所以项目经营了三年,没有赚到太多钱,就有股东提出想结束生意。其他股东希望赶快把库存茶卖掉,拿到资金好处理房租等善后事宜。但我那个朋友特别喜欢普洱茶，他提出："应该分给我的现金我不要了，就拿库存茶抵吧。"其他股东都认为他非常愚蠢，几十万元的库存茶要喝到什么时候啊？我们问他原因，他说他对那个品牌有信心，毕竟是普洱茶中的第一品牌嘛。但以那时的市场行情，他讲得天花乱坠也不被大家理解。

时间过了8个月，有一天他突然非常高兴地打电话告诉我，他的普洱茶曾经一箱价值8000元，现在涨到了一箱40万元！

在我们脑海当中，人的很多选择应该是有因必有果，而且应该紧密相连，可现实中因和果离得并不如此接近。

我们人类跟动物不同，小马生下来就会跑；但我们人类一定要通过翻滚—爬行—行走—奔跑，用差不多两年的时间，才能完成整个过程。

创业其实更复杂。

像人类的成长一样，企业的成长是一个复杂的系统，并不是你今天投入，明天就一定有成效；你对人付出感情，他就一定会给你回报。企业的经营需要一个厚积薄发的过程，不论是品牌的建立，还是技术的积累，抑或是客户关系的维护，如果没有耐心，目光短浅，可能就会对今后的运营产生非常巨大的伤害。

比如说很多企业为了获得短期的现金流、短期的收益，不惜砍掉研发费用，那么它伤害的就是企业未来长期的利润和收益，只不过因为短期现金流的增长、短期收益的增长，制定这个策略的人可能还获得了升迁。

当生意遇到挫折,利润越来越微薄时,我们一定会去找其中的原因。我们可能会怪罪现在的经济转型,怪罪贸易战,甚至会怪罪银行不贷款给自己。但其实很多复杂问题的根源,往往在于我们自身。

当危机来临的时候,我们往往只能根据糟糕的结果找到那些表面的、不太靠谱的原因。当我们了解到企业管理是一个复杂系统时,就应该知道,企业除了关注短期的销售额和利润之外,还要关注一些长期的东西,如管理系统,更应该关注人、关注创造力、关注企业未来的发展。

真正伟大的企业一定耐得住寂寞,当年华为持续投入研发被多少同行耻笑,好像拿来主义更有效;可当华为自主研发的5G技术独步天下时,同行们才恍然大悟。

让我们借用管理大师彼得·圣吉在《第五项修炼》一书中提出系统思考的法则时指出的一句话来总结——"现实当中因跟果其实并不是紧密相连的。"

08
创业者如何面对危机

2020年新冠肺炎疫情暴发后,我接到一个服装经销商的电话,他也是我的一个老客户。他向我哭诉:店铺租金加上员工费用他一天要损失30万元。

我在网上也看到了相关新闻报道,某大型的连锁餐饮企业有近2万名员工,疫情来临前是全国为数不多的非常牛的一家民营餐饮连锁企业,竟然说如果疫情持续下去,可能两三个月现金流就会断掉,公司甚至面临破产。

那么作为一名创业者,当我们面临这么大压力的时候,我们应该干点什么?用什么方法去面对和应对呢?

可以从以下三个方面来应对危机。

第一,要有一个正确的思考。

正确的思考源于你的信念和信仰。我有一个美国朋友在中国做生意,他也同样面临新冠肺炎疫情影响,他是做营会的,但是我从没见到过他忧愁。他始终坚信疫情终会结束，正如冬天已经来临，春天将不会再远。

作为一个创业者，我们必须要建立一个正确的哲学观、世界观。要有自己的信仰和信念，要坚信任何事情都是过眼云烟，事后再回想，今天的困难在人生轨迹当中可能只是一小步。

其实天底下哪有什么新鲜事，2003年非典时期，那个时候连新东方这样的知名教育集团都经历过至暗时刻。

所以，即使你的企业面临了很大的压力，你也要知道这是事物发展的客观规律，不要慌张。

在思考的过程当中，要清楚我们要做一个什么样的人，要用一个什么样的态度面对我们的企业、员工、供应商、社会，我们要加强自身的责任感和使命感。

第二，重新考量未来应该如何对待风险、控制风险。

现在就要想一想风险控制方面的问题，当极端情况出现的时候，企业是否有应对风险的现金流？

现金流是创业者的命脉。在关键时刻我们该怎样处理生存问题和危机？一日三省吾身是最好的办法。不断地去反省自己，从而建立一个良好的控制风险的体系，建立备用金制度，我们就会顶住更大的压力渡过难关。

要学会把风险控制到最小的程度。

如何把风险控制到最小的程度？我觉得沟通是一个重要的法宝。

2003年"非典"的时候，阿里巴巴也遭受到重创。有一个员工得了"非典"导致全公司隔离，这个时候马云跟他的COO拿着员工的通讯录一个一个地打电话。因为面对恐惧、恐慌，作为企业的领导者、领袖，你出来讲一句话比什么都有用，你要跟员工达成谅解，因为非常时期，企业经营会有风险、有危险，现金流会大量短缺，但员工家里也困难，不能因为自己的利益损伤员工的利益。

此时，怎么跟员工达成共识，共同面对困难跟危机？如何跟你的供应商上下游达成共识抱团取暖？这就显出沟通的艺术跟学问了。

在这个时候，要让所有的人有同舟共济的想法，需要通过良好的沟通来解决。

要用善的力量把人团结在一起，而不要用贪婪、自私驱赶我们的团队和成员。

所以，能否有效沟通是一种考验。

另外，在技术层面我们还应该节流，砍掉一些没有必要的费用，不断地降低成本，收缩经营规模。所谓"善守者藏于九地之下"，我们要用所有的力量去积累，等待危机之后再绝地反击。

第三，要积极地想办法去突破、突围和创新。

因为疫情影响，原定2020年春节档的很多影片无法按原计划上线，院线跟电影公司票房累积损失将达70亿元。当很多相关的从业者哭天抹泪、自叹命运多舛的时候，一匹黑马跑出来了，一部原定在春节档上映的影片《囧妈》竟然在网上免费放映，打破了业内的规矩。但恰恰是它的免费放映开创了新的发行思路——影片卖给字节跳动获得几亿元。当业内还在彷徨、苦闷、咒骂的时候，《囧妈》转换发行渠道的行为却开创了创新先例。

我有一个客户是做教育产业的，主要是补习班业务。

教育行业也因疫情受到很大的影响，但我前两天跟他沟通时发现他并没有慌张，而是迅速地转到了在线教育平台网课领域。

互联网是我们未来能借助的一个很好的平台，所以危中见机，但这种机会往往是在压力下我们去思考才产生的。

所以我们再想一想，在现有的阶段，可以从哪些方面突破这个世界给我们的限制，创业者就是要做人所不能做的事情。

所有的外部影响总会过去，一切也会恢复平静。

只是大潮过去，我们会看到有很多人在裸泳，但也有很多人已经完全装备好了，已经整装出发。

09
如何在决策中做好系统思考

1941年12月7日是一个非常值得纪念的日子,是第二次世界大战的转折点。这一天,日军突袭了美国珍珠港。

当时美国海军太平洋舰队的40多艘战列舰损失殆尽。幸亏有三艘航母在进行特殊训练,躲过了一劫。后来历史学家就去研究,为什么日本人会冒险以小博大突袭珍珠港。

其实当时日本在侵华战争进行几年之后,战线越拉越长,尤其在上海胜利之后,为了给蒋介石施以更多压力,长驱直入攻下了南京。

可是中华民族是一个不屈服的民族,这样日本占领的地方越多,兵力越不够,再加上欧美的制裁,资源非常匮乏,所以日本决定豪赌一次,希望通过一两场战役的胜利跟美国谈判。

日本人的算盘打错了,他彻底激怒了美国。日军1941年12月25日就侵占了香港,很快一个多月后又把太平洋上的一些国家也占领了。可是这个游戏很不好玩,由于美国参战,局势发生逆转,导致二战日本以投降告终。

我为什么要讲这个案例？因为在战争当中有很多决策是值得我们思考的。

我们做企业的在做决策的时候，往往就跟当年战败的日军很相似。

当我们有压力的时候，往往会很短视、会很冒险，会产生一种赌一把的冲动，会做一些错误的决策。

有一家餐饮企业老板曾找我咨询，它是家连锁企业，只开了两家店的时候生意非常好，很多朋友就给他建议说你应该继续开连锁店，这不就像印钞机一样吗，你每天将会有大量的钱进来。这哥们头脑一热，一下子就开了十几家店，又建了中央厨房、中央工厂。当时我不太建议他这么做，因为企业没有管理体系，没有管理人才，没有供应链，还需要很长的时间准备，希望他可以稳一稳。可他不听，然后问题马上就出来了。

因为快速地开店，第一就是现金流出现了非常大的问题，第二是服务质量没有跟上，第三是所有的投入产出均需要时间。

在这样的压力下，这位老板天天都非常头疼。他想到了一个最传统的办法，要解决现金流问题就要打折、促销、降价，让消费者来免费喝啤酒。

他这招一出来，刚开始生意一下就变好了，他又觉得可以高枕无忧了。可是好景不长，因为降价促销蚕食了他大部分的利润，过了一段时间现金流又明显不足。促销一停，客人又不来了。更可怕的是很多竞争对手也在他的餐饮店周围开了很多连锁店，所以他的生意就越来越差。

这个时候他又认识了一位餐饮管理大师，这位大师给他出主意，说你缺钱不怕，要办会员卡。怎么让会员交钱呢？加大折扣力度，可以发五折卡、七折卡。他那个时候也是病急乱投医就想试试。

刚开始采取了这样的促销方案，很多人贪图便宜也就真办了会员卡。可就是这一剂猛药让他跌入了真正的深渊。

由于利润越来越薄，甚至没有利润，他和他的团队每天很辛苦地工作，年底算账却是一场空，还有很多外债，最终不得不清算卖掉企业。

通过上面的两个例子，我们遗憾地发现有些人在做决策的过程当中是多么的短视，多么的离谱。那我们如何才能掌握一些系统思考的法则呢？

我向各位分享《第五项修炼》一书的作者彼得·圣吉关于系统思考的三个法则。

第一个法则，快就是慢。

日本人想快速地占领中国，快速地打败美国，快速地获得胜利。可是它并没有做好充分的准备，最终不可避免地失败。很多企业想快速地赚钱，快速地发展，其实有时资源跟能力往往是不匹配的。

所以，你想快的时候却相反要放慢自己成长的脚步。

第二个法则，变坏之前先变好。

很多组织往往会被一些假象迷惑，比如说日本军国主义在太平洋战争初期势如破竹，占领了东南亚很多英美老牌殖民地，可又怎么样？短期的胜利，小小的利益，根本不能支撑它强大的军费、庞大的开支，最终还是会失败。

刚才所讲的餐饮企业在初期生意也很好，做促销的时候生意也很好，可是，并不能让它快速发展。

所以我们要知道短期的胜利、短暂的兴旺虽然给你带来好处，但是对未来而言，谁能说它不是一剂致命的毒药呢？古希腊历史学家曾说过："神欲使之灭亡，必先使之疯狂。"

第三个法则，有时疗法比疾病更可怕。

刚才所讲的餐饮企业想用大折扣会员卡的方式解决自己的危机，可是根本没有考虑到利润的损失，所以运用这样的治疗方法最终导致了企业破产。遇到危机的时候，人们总想找到一些灵丹妙药，总希望一招包治百病，可是往往招数都不太灵。

因此，当我们遇到问题、遇到危机时，应该想一想是否运用了上述法则去系统思考问题的全部？

只有认真去分析，才能避免走入片面思考的误区。这样我们的思想才能更成熟，避免出现致命的失误。

第六章

终极目标
——信念：管理自由靠授权

01
管理自由之企业传承

我曾经有一个女客户,她在苏州建立了一家房地产代理企业,年营业额 10 亿元,当年也算是做得不错了。

她上过大学,下面的员工也具备很高的素质。这个客户脾气暴躁、行动果断,做事情稳准狠,遇到挫折也从不气馁,由于她的个性,公司发展得非常迅速,员工对她服气又畏惧,即使有不同意见,也都不敢提出来。

在她的带领下,短短 5 年时间公司每年的成长效率都是 100% 以上,很快公司就做到 10 个亿了。那做得这么好之后该怎么办呢?

她就想自己应该去进修学习一下。她报了中欧商学院并被录取了。进了商学院之后她就发现,她落伍了。为什么?因为她这几年虽然勤奋创业,但眼睛都在向内看,根本没有关注过外面的世界,什么打高尔夫、旅游、穿着打扮也没关注过。

她都不懂啊,所以她更加努力地去学习。可是过了几个月,出大事儿了。

她突然发现有两个业务骨干提出离职！一个是跟了她5年、一起创业的人，一个是她的亲妹夫。她非常伤心，百思不得其解：我对他们这么好，他们为什么辜负我？我全心全意对他们，他们为什么背叛我？

所以她找到我问的第一个问题就是："我有没有可能通过人力资源系统的建设，建立一个牢不可破的体系，让所有的人不背叛我！"

这个问题听起来似乎非常耳熟，其实我们看看中国的历史就了解：秦始皇统一六国之后，就想从他这一代开始不断地传下去，除了始皇帝之外还能有二代、三代……可实际上秦帝国到了二代的时候就完蛋了。

一个非常强大的帝国，靠的是法家的思想制度，靠的是雄厚的军事力量，但为什么不能永久持续呢？

其实，中国文明很多都是生命的文明，当一个强大生命慢慢消退的时候，第二个生命如果没有那么强大，该文明自然就会灭亡、消退。

帝国如此，企业也是一样。企业的第一代创始人往往有非常强大的领导力，他们的成功常在于打破规矩与体系；可在他们心中又幻想着建立一个强大的体系，用自己的标准要求所有的人，但他凭老板身份却任意破坏规则。所以该体系没人能坚持，因为老板观念不改变，管理体系只能是建了换、换了建。

天下没有完美的管理体系，只有适不适合。创业者此时应该把重点放在培养人才上，人才的成长需要时间，没有合适的干部，简单的授权也会出大问题，因为当创业者放权的时候，他的继承者可能并不具备强大的领导力，如果遥控指挥的话，力量就会差得多。

创业者往往只强调个人领导力的建设，却忽视了团队领导力的建设，实际上，团队领导力是企业能否持续发展的关键动力。

一家公司的发展必须依靠强大的管理团队，如何培养这支团队，我们也应该思考一个名词——"梯队建设"。

管理学家彼得曾经说过一句话："一家企业按部就班发展的时候，他的员工总是不胜任他的职位的。"为什么呢？因为时间是不可逆的，很多岗位需要时间与经验才可胜任，比如一名业务骨干，你提升他为业务经理，往往他会手忙脚乱，还很痛苦。因为虽然他精通业务，可还不具备管理人的能力。

所以，创业者一定要思考如何建设人才梯队。在骨干还没有提升的时候，就培养他具备一些领导者能力，企业的人才梯队才会得到有序的发展。

人才有了能力，如何以企业为家？

企业还要进行有效的股权分配，对于关键核心人员，企业的股权是一定要重新设计的，让管理团队参与进来，如果对他不放心，可以做一些期权约定，规避风险。

很多创业者把自己创立的企业当作自己的私产，其实是不对的。

虽然通过你的投资、努力，企业获得了成果，但你要知道，你的所有财富其实是社会财富。这就是为什么我们会看到有很多西方创业者把企业做大了，然后会把企业捐掉。只有你把企业当成社会财富，大家才会愿意在这里持续发展，而不是囿于个人的雇佣关系。这是我们中国的创业者要深思的问题，思想上不自由，管理上哪有自由？这方面华为做得比较好。总而言之，所谓财聚人散，财散人聚。

最后，我们要认真做好企业治理。

实际上企业治理就是一个企业的制度问题，包括决策、分配、绩效等方面。公司的制度应该不仅仅只是针对员工、针对下属，更要针对领导者。

企业的制度、绩效考核是针对所有人的，这个制度、绩效考核才是有效的。公司的管理制度就像是宪法对于国家公民，是针对所有参与者的，这个治理才是有效的。该如何做呢？先要建立起从股东会、董事会到各部门的职能、职责、工作流程、内容规范、绩效标准等，然后要严格遵守与执行。

公司治理对于家族企业尤为重要，你要知道，你的继承者不一定是你的亲属，不一定是你的儿女，可能是别人。

那你的子女怎么办？你的财富如何传承？

这是另外一件事儿了。当你的子女需要保障的时候，你需要设立一个财富信托计划，可以每个月给他固定的薪水，找一个专业的理财机构打理，不一定非得把企业传给他，如果他不胜任，传给他就是害了他。

路漫漫其修远兮，吾将上下而求索。创业者如何传承企业和财富，这真是个大问题。

02
给了股份就是自己人吗

我的一个好朋友也是我曾经的一个客户,他最近向我请教。"我和我的合伙人都希望多享受享受生活,多去海滩晒晒太阳、打打高尔夫球,那怎么授权呢?怎样找到一个合适的人然后把企业交给他?"

这是个好问题,我就反问他:"你怎么做的呢?"

他说:"最近我们招聘了一个职业经理,这个人是行业内的专家,对销售很了解,对整个市场的掌握也很充分。我们就跟他谈了,希望他买我们 10% 的股份。

我们公司注册资本是 500 万元,10% 就是 50 万元。职业经理月薪 3 万元,一年就赚 36 万元。我们希望他用 1∶1∶3 的方式认购股份:第一年认购 20%,第二年认购 20%,第三年认购 60%,最终双方竟然达成了一致。"

职业经理交了第一年的钱成为股东之后,的确发生了变化。

职业经理要求我的朋友裁掉一个人,而且是公司的销售业务明星。

原因是以前就跟这个人共事过，早就看他不顺眼。但是以前都是给别人打工也就算了，现在职业经理成股东了，所以就要求把那个人炒掉。

我的朋友对这件事有异议，也有点迷茫，便问我这个职业经理可不可以这么做？

以这个案例分析，我们谈谈授权：

第一，授权之前，要问问自己，你是否已建立好企业的管理系统和制度？

如果你没有建立一套行之有效的企业管理流程制度，公司不是按照规章制度来处理每一件事，而是按照你的个人主观意志办，我们称之为公司的治理缺失。

如果一个公司不能按照规章制度去处理，而完全按照领导者的好恶行事，这是不可以授权的。

因为没有良好的公司治理，授权必乱。

第二，你对被授权者了解多少？

对人的了解主要分为两个方面：一是品格，二是能力。品格尤其重要！

很多人非常有能力，也有成为股东的潜质。但是他来了就心术不正，这样的人会为了个人利益用尽心机，甚至侵占其他股东的收益，往往也会把企业搞得伤痕累累。

如果一个人能力不够，你给他再多的股份也不会让企业赚钱的。

能力分为现在的技能与发展的能力,现在的技能与经验有关,发展的能力与持续学习有关。

在授权的问题上,很多创业者关于股权的设计认知很粗犷。认为我让你成为股东,你就跟我是一伙的,是一条船上的人,你会死心塌地跟我干,我就可以完全放手。其实未必!因为股权是长期的利益,企业发展的不同阶段需要的人不一样。有的人就是阶段性地发挥作用,他可能一年、两年是胜任的,根据经验解决了企业的燃眉之急;可他没有再学习的能力,过了这一两年他就不再胜任了,甚至成为企业发展的绊脚石。如果他成为公司的股东,他会拿永久的利益,其实这也是对企业长期发展的一种伤害。

所以在企业授权的时候,要想实行股权激励,往往要精心设计,比如说可以先达成期权:

"在一定时期你能做到什么样的标准?我们签一个对赌协议,如果你做到了,我按约定的比较低的价格将股份卖给你。比如我现在每股价值1块钱,三年之后,公司在你的经营下价值翻了十倍变成每股10块钱,但是我还是按1块钱的价格卖给你。如果你还不想买,我们还可以提供分红权。"

这样设计股权既能让人有足够的动力去工作,又能真正吸引人才,还剔除了只会使三板斧的人,那类人在三板斧过去之后,你会发现他是个废材,根本不是人才。

第三,企业授权是在拥有正向企业文化的前提下。

企业文化是制度的软环境，公司要创造民主氛围，要形成领导者受团队的监督与测评的管理文化，若没有监督，权力必然导致腐败。当领导者违反了规则，正向的企业文化会让他成为众矢之的，不能一手遮天。

如果没有正向的企业管理文化，那么你的授权其实就会变成一场灾难。

我曾为一家企业提供过咨询服务，创业者非常信任他的同学，也想享受生活，就把企业完全交给他的同学打理，即他所谓的用人不疑。

可是当他同学接手企业之后，用了三五年的时间，把所有的人都换成自己的人，公然篡改并破坏公司的制度，用各种手段侵占公司的利润，结果整个公司垮掉了。

他的同学则另立门户，变成了另外一家公司的老板。

这就是在没有管理系统、没有企业文化监督、不深入了解经理人等各种前提下做出的错误授权。

真正的授权，我们有一句话叫作"用人要疑，疑人要用"，用制度来规范人性的弱点，用文化来提升人的道德，用合理的股权设计让人跟你同在一艘船上。

知道不等于做到，要认真地对待每件事，你的企业才能乘风破浪，才能持续发展。

03
领导力的最高境界

2020年初新冠肺炎疫情给人们带来了很多伤害和恐惧。在武汉旁边有个小城市叫潜江，与武汉相距不到200公里，刚有病例出现时，潜江市市长第一时间就下令关停所有娱乐活动，并出台了严格的禁行令，使潜江成为湖北省除神农架地区外感染人数最少的城市。所以我们就有一个疑问，作为一个城市的领导者，在同样的条件下，他为什么会做出更快的决策？

在大家有答案之前我们要回顾一下历史。

1962年10月27号，冷战时期，这也正是冷战中最危险的时刻——古巴导弹危机。当时全世界都处在核战的恐慌当中。

在那一天，有4艘潜艇编队抵达了古巴海域，潜艇是属于苏联的，为保护苏联商船而来。可是这片海域已被美国海军完全封锁，美军要求所有的苏联商船不得出入，由航空母舰、巡洋舰和驱逐舰组成战斗群,想逼潜艇浮出水面。有三艘潜艇已被美军发现,完成上浮。这时候只剩一艘编号为 B-59 的潜艇仍藏匿在海中,B-59 号遭到了美军多次深水炸弹的袭击,形势变得非常紧张,它只有沉入海底来避免这样的危机。当时 B-59 号完全处于劣势,唯一的办法就是发射核鱼雷来反击,这样才能扭转败局。但是发射核鱼雷一个人说了不算,正常情况下需要潜艇的艇长和政委两个人都同意才可以发射。而恰恰艇长跟政委当时判断战争已经爆发,他们按照流程非常坚决地同意发射带有核弹头的鱼雷。

幸好千钧一发之际,事情反转了。

大家都知道如果核鱼雷发射了,那么核大战就爆发了。

危机时刻有一个人反对,这个人叫作瓦西里·阿尔希波夫。

当时苏联的 4 艘潜艇是编队舰队,阿尔希波夫是舰队的参谋长,在这个职位的人,他跟艇长和政委有平级的表决权。

恰恰当时在这种特殊情形下,艇长、政委和阿尔希波夫三个人必须同时确认才可以动用核鱼雷。

危急关头,阿尔希波夫深知这件事发生的后果,核鱼雷一旦发射出去,必然爆发苏美之间的全面战争,虽然他按照流程执行没有错,但是对人类的文明来说无疑将是一场空前的浩劫。所以他拒绝了艇长跟政委提出的要求。

他用意很明确,即便存在 B-59 号被击沉的危险,也不能把世界拖入未知的万劫不复的深渊。

B-59号浮出水面，与美方的水面舰艇取得联系，要求对方停止挑衅，同时莫斯科发来命令，要求已经暴露的B-59号返回基地。

就是这样的一个决策，让古巴导弹危机当中一场看似非常难以化解的核战争化险为夷。

所以，当我们遇到复杂问题的时候应该如何思考？是按照规则，是等待流程，还是像阿尔希波夫一样？

很多创业者在创业过程中也愿意为人民服务，比如说餐饮行业的创业者就经常要求员工要以顾客为上帝，要百分之百地为顾客服务。

可是遇到顾客的"无理"要求，比如说要求退菜、打折、多要一盘赠品，那么我们就会断然拒绝。为什么呢？

因为它不符合我们的流程，侵占了我们的成本。所以当与顾客有利益纠葛的时候，我们就开始为"人民币"服务了。

但是餐饮企业的创业者心中的困局被一家企业突破了，由此造就了一个餐饮界的巨人——"海底捞"。海底捞的神奇之处在于他的员工，他们真是具备了一种非凡的领导力：基本上每一个人都有决定如何服务顾客的权利。只要顾客满意，哪怕只是要求把剩下的一小片西瓜带走，他们也可以打包一个大西瓜给顾客拿回家，让顾客感动得热泪盈眶，然后口口相传，不断成就它的魅力。

海底捞优质的服务让人思考：当遇到复杂问题的时候，我们的团队该如何具备这样的领导力？

我们如何思考呢？

我们培养团队的时候要建立一个关键的概念：处理复杂问题要优先思考它背后的终极价值。

如果用一个字来表达，那就是"爱"。

比如说当官员的要体现的核心价值就是对人民的爱，要为人民服务，而不是为领导服务。

创业者的核心价值是为社会创造价值，是对顾客的爱，对员工的爱。创业过程中，我们也需要让每个团队成员具备爱的能力，当企业利益与客户利益、公众利益冲突时，就要问问自己，我们的爱还在吗？实际上我们必须要通过为社会创造价值而实现自己的价值。思想通了，行为就不纠结了。

遇到复杂问题，你一旦忽略了它的本质，它的核心价值，你就往往容易被一些其他的繁杂的流程规矩所束缚，往往领导无力。当你做决策的时候，你当然就会僵化，当然就不会去按照内心的声音，而是按照上级的要求，这往往会错失很多的良机。

领导力的核心——驾驭复杂问题的能力，需要我们每一个人认真去思考：

我们到底要什么？

我们到底能提供什么？

我们到底要实现什么样的价值？

一个人如果忽略了事物的本质，而单单只尊重所谓科学的管理、上下级的关系，以及绩效和流程的话，那么他势必在关键的难以处理的问题面前变得束手无策，或者是把一手好牌打得稀烂。

希望我们在修炼领导力的过程当中，能不忘初心，去认真思考我们的终极价值，去锻炼爱的能力。作为一个企业，作为一个组织，我们更应该创造出这样的环境，创造出这样的制度，让每一个人都能具备这样非凡的领导能力。这样的话，"海底捞"的本事我们就有可能学会并掌握。理解创业的终极价值，理解爱，学会爱，自然就拥有了领导力。当复杂问题来临的时候，员工就不会只盼着大老板来拯救世界，而是每一个人都具备驾驭复杂问题的能力。

这样企业、组织必将焕然一新，团队也必会迸发出惊人的战斗力。

04
马云的赌约

2019年11月11日，23:59:59，激动人心的时刻。天猫在双11全天的营业额超过了2684亿元，同比增加了25%，物流订单突破10亿元。而京东在双11当天的订单也突破了2044亿元，距离2017年双11突破1000亿元仅用了两年时间。

看到这个数据，我突然想到了多年前，马云与万达总裁王健林的赌约。2012年一次颁奖典礼现场，马云说，我预测王健林的百货业2020年会死掉。王健林说，如果2020年你的电商市场份额超过50%我就给你1亿元。答案不言而喻。

传统产业的衰败，新兴力量崛起，其实是我们很多创业者必须要面对和思考的一个问题。当传统经验和快速发展的现实发生冲突的时候，我们是怀疑、拒绝还是拥抱变化，直面未来？任何一个企业如果不能跟上趋势的发展，不能看清未来成长的道路，就一定会被历史所淘汰。

那么怎样才能跟上历史的潮流？

1. 保持像孩子一样的好奇心。

其实很多人成年之后往往局限于自己的心智模式当中，沉浸在舒适区里不愿意走出来，对很多新鲜事物嗤之以鼻。当你看什么都看不惯，对年轻一代的一些习惯又非常厌烦，这其实说明你老了。作为创业者，你是否对比你小二三十岁的人充满宽容？对他们做的事充满探究与好奇？想去看一看这个世界到底发生了什么样的变化？这才是你真正需要具备的。而好奇心，往往是发现机会的最好驱动力。

2. 要有宽容的心态。

任何新鲜事物在最开始的时候，总是会遭受挫折，会野蛮生长。有人指责和非难并不代表新生事物错了，任何事物的发展都有个循序渐进的过程。如果能时时保持宽容的态度，允许新鲜事物犯错，也就能摸到一些时代潮流的脉搏，知道未来会向什么样方向去发展。不论是当年腾讯模仿 ICQ，还是阿里模仿 eBay，都曾经被人们嘲笑过。可是我们会发现 ICQ 已基本消失，而 QQ 却如日中天。eBay 已经退出了中国，可淘宝、天猫却成为中国电商的主力，世界电商的引领者。

3. 既要了解自己，也要了解这个世界。

作为成功的创业者，作为一个不断自我更新的人，除了要对自己的业务精通之外，也要对世界上更多的信息资讯不断地去探寻和了解。去了解新的技术、新的传播手段、新的发展方向，只有大量地获取外部信息，你才有可能对未来的发展有所洞察。其实真正的高手并不是他有多么深厚的经验，而是他拥有非常敏锐的直觉。当你的直觉能让你做出正确决策的时候，你才可能真正跟上潮流。但是所有直觉是建立在你对信息的充分了解、掌握之上的。

4. 要充分了解市场。

创业者要走到第一线，深入实地去感触变化。当年快消品行业当中的佼佼者，娃哈哈集团老总宗庆后就是这么做的。他每到一个城市，就会去当地的食品批发市场，在最近的第一线战场，感受竞争对手的变化，用他的经济嗅觉去发现那些具有独创性的、流行性的新产品、新思路；然后马上跟进，利用自身产品线的规模、分销渠道的优势快速赶超。所以娃哈哈集团在快消品领域一直保持近30年的领先，这跟他不断地深入市场、了解市场有非常大的关系。

据说老鹰到了40岁的时候，必须把羽毛一根一根地拔掉，把它的喙磕碎在岩石上，然后等待40天，让它们重新长出来。这种痛苦、忍耐、坚韧，可能不是一般鸟类所能做到的。但是当它羽毛重新丰满，新的喙长出来的时候，它又会重新成为天空中的霸主。

创业者自我更新无疑是痛苦的，可有的时候若不忍心自我破碎，可能永远无法涅槃重生。

05
唯有创新

创新是企业的灵魂。

越是经济下行,企业危机,困难重重之时,创新越是企业突围的不二选择。

我们经常听到一句话:大鱼吃小鱼,快鱼吃慢鱼。我认为应该再加上一句:新鱼吃旧鱼!

在我国广东、云南等地严重泛滥的薇甘菊,原产地为中、南美洲,是世界十大最具危险性的有害植物之一,它能很快覆盖被缠绕的植物,即使是10多米高的大乔木也不能幸免。

自然界中如此,商业战场当中呢?美团、饿了么等外卖平台上线之后,谁受到冲击?方便面销量持续萎缩!滴滴打车又革了谁的命?以前出租车行业的车标非常值钱,像收藏品一样要值七八十万,在滴滴上线之后,出租车行业一落千丈。

所以我们会看到，新的事物往往会有强大的生命力，如果旧的不进行变革，当新的到来时，它将面临重大危机。在企业竞争的过程当中，永远只有新的取代旧的，旧的受到挑战，有的时候你虽然暂时没有被取代，但也会受到强力冲击，所以与其被别人革命，不如在企业内部自己产生创新的动力。

如何创新？如何能在竞争市场上获得一席之地？
1. 创新的核心在于思维方法的改变。

创新对很多中小企业来讲可能很难。因为所有的研发都需要花费成本，而中小企业往往没有这方面的预算，总是被缺东少西所困，然后告诉自己该认命。我们往往忽视了创新不单单是基于钱或资源，创新主要在于思维方法。

作为创业者，你要对你的产品非常了解，不断地挖掘产品更多的可能性，从而创造出大家想象不到的价值，重新诠释产品，给消费者带来全新的体验。正如当年凡士林在工业润滑领域已很难增长，却被创业者发现也可以作为日用护肤品的原料，而且在护肤领域的销量远远大于工业领域的销量。

创新是对不同的产品进行创意组合。20年前，我们在做餐饮市场的时候，发现罐头玉米粒非常难以销售，客户进了很多货都只能积压在仓库里。转机出现在有一个客户因为是厨师出身，他发现将玉米粒和松子仁放在一起炒非常好吃，就把这个菜推荐给餐饮店，结果大卖。当时这个菜受欢迎的程度，让其他所有的餐饮店都过来效仿，所以成箱成箱积压的玉米粒顿时变成了畅销品。由此可见，很多产品稍微进行一下组合，就会获得很多创新的灵感和创意。

故宫博物院成立94年来，第一次晚间开放，凌晨抢票，51分钟后就被预约一空。故宫开放夜游大火的现象再一次告诉我们：传统的事物一样可以焕发出新的活力。

这一现象的背后是故宫的运营在传统的事物当中找到了突破的机会，进行了创新。这跟领导者的创新意识是密不可分的。实际上，任何企业在面对困境的时候，唯一不变的就是变化。

借用电影《哪吒之魔童降世》里的一句流行语"我命由我不由天"，我们就是要把"我不行"变为"我能行"。

2. 创新可以通过引进与合作进行。

我们在2006年给抚顺一家做添加剂的企业做管理咨询，这家企业本来是做熟食的，因为企业的创业者发现了一项非常有前景的技术，于是不惜重金买下了这项专利技术并对企业进行了创新。虽然企业没有研发能力，但是创业者看到好的技术就果断买了下来，解决了企业本身研发匮乏的问题，从而在添加剂这个市场获得了非常大的竞争优势，现在企业已经上市了。所以，当你没有研发能力的时候，你可以与高校、技术人员建立联系，通过购买、合作等方式来获得创新的资源。

3. 创新主要靠大量地试错。

创新在行为上就是勇于尝试，我曾经为一家服装制造企业做管理咨询，这家公司的总裁就是个非常热爱创新的人，他的企业也具备创新能力。他说："创新就是要解决行业的难题。"这话说起来容易，实施起来却很难，需要付出代价，需要每年都有计划、有预算地进行投入，但你要知道，一旦行业问题解决了，企业就会鱼跃龙门，成为行业的引领者。

所以，我们看到成功的创业者对核心技术、对环境整体的变化都非常关注，因为在不断的创新当中，你需要不断地试错，不断地自我否定，才能创造出辉煌。

如果我们想在市场上、在竞争中获得竞争优势，想突破困局，我们就必须拥有创新的心。

06
创业者信念

2015年我们接到客户委托：有一个地产项目做死了（也就是死盘），希望我们能够解决这个问题。

我们首先对公司总经理进行了访谈。那位总经理在我们访谈过程当中表现出的就一个字"衰"！他说他已经做了所有的努力，尝试了所有的方法，但这就是个死盘，根本就卖不掉，没人会买。

当时我的合伙人老吴跟我讲了一句话："一个人连他自己都没信心的时候，他的企业是不会有机会的。"

这是一个很可悲的情况：营销上遇到困难并不可怕，可怕的是信心的死亡。

当我们接手这个项目后，做的第一件事就是重新点燃信心！

这个信心必须来自所有人：从企业内部到消费者。为此我们展开了一系列的研究：楼盘为什么会死掉？为什么消费者对它不信任？房子为什么会卖不掉？当时楼盘的定价过高，总经理想通过降价来拉动销售，没想到越降价消费者就越不买，慢慢地后期建设资金跟不上，房子没有办法如期交付，答应购房者的很多承诺没有办法兑现……

作为开发商，在实际工作中有两点必须要做到：

第一，取信于民。

这个民是指内部的工作人员，一个失败的队伍内部往往是悲观的、抱怨的，被各种消极的情绪包围。所以内部既要统一思想，给大家目标与希望，又要头脑风暴，让大家充分参与，群策群力，让每位员工都有自信与动力，并传递出去。

民也代表着消费者，要改善产品功能，加强服务，建立起承诺机制，告诉消费者在确定的时间内，会解决完哪几件事情，重新点燃消费者的信心。

第二，取信于承包商。

因为开发商资金链断掉，工程承包商的应付款不能及时给付，导致楼盘迟迟不能封顶，消费者没有信心购买，资金无法回笼，造成了恶性循环，楼盘变成死盘。

要如何解决承包商的工程款问题？

在这个案例中，我们把承包商召集起来开会，共同商讨如何解开这样的困局。

如果楼盖不完就卖不掉，也没有钱付承包商的款，那么就制订一个还款计划，有计划地归还承包商的建设款，获取承包商的谅解和信任，一步一步地解决问题。

当然还用了其他很多种方法，通过近十个月的努力，这个项目终于起死回生了。

在积极心理学中有一句非常有名的话："任何问题都有三种以上的解决方案。"当你遇到困境却认命，说你没有办法的时候，其实你在精神上已经"死亡"了。

企业遇到困境时，如果创业者不去想办法，那么企业其实就是一堆行尸走肉，离死真的就不远了。

一个企业此时若想起死回生，最重要的任务就是重新建立信心。只有重新建立了信心，企业才会充满动力，才会凭着信心不断地重构。

在目前的环境下，有很多企业面临着转型的危机，很多企业面临着资金的困难，很多企业面临着各种各样的麻烦。

由此，信心的建立对每一个创业者来讲，都是一项艰苦而卓绝的工作。信心的再上一个层面就是信念，如果说信心是对自己的确信，那信念就是对所做之事的确信。

我们会看到真正的创业者都有像狂热的宗教信徒般的坚定信念。当你真正有了信念，你甚至会不畏生死。

一个创业者，当你真正对未来充满着希望，面对眼前的困难，你就会有应对的方案，而不是一筹莫展。所以一个企业不论遇到多大的困境，不能丢的是信念。

如何重新建立信念？

首先，要对你所做的事情有一个非常清晰的认知，树立积极正面的态度。

信念就是你对这个世界的看法。所有的问题一定会有答案，而且一定会有三个以上的答案。如果你想寻找答案，你会知道很多机会就在转角处。当你坚信这一点，哪有什么解决不了的事情。

创业者获取成功的过程可能会经历九九八十一难。但经过之后再回首来路，曾经越过的山峰其实已经很渺小了，你所有的困难其实都是眼前的。当你越过山丘的时候，你会发现当时的困难其实都是小困难。所以你必须建立自己的信念系统，这个信念系统就是你可以去面对自己经历的困难。

日本著名实业家稻盛和夫说过："一个人要做到不亚于任何人的努力，老天都会帮他。"稻盛和夫曾经几个月不眠不休地研究陶瓷的新技术，但始终一筹莫展甚至经历过绝望，可就在他几乎要放弃的时候，他忽然灵光一闪，研究出当时世界领先的技术。稻盛和夫的成功在于他信念的火苗始终没有熄灭。

其次，要有信心，但要信而不迷。

信心来自对自我能力的认可，创业者的信心不光是对自己，还要对团队。积极的自我暗示往往会产生惊人的效果，没有士气的团队是打不了胜仗的；但也不能光有信心，没有严谨的行动。盲目的自信，肯定是没有结果的。在相信自己行、团队行的同时，更要坚持找到行的方法，这才叫不迷信。要相信团队，不把宝押给某个人，要积极地去思考你的策略，不断修正你的行动，做你应尽的本分。

当创业者真正能做到这些的时候，相当于重构了信念系统，你就会发现你有信心了，你整个团队的士气也会有很大的改变。你的员工可能会产生新的动能，神奇的事情也许会发生，一切由不可能变成可能，你甚至可能从绝境当中重新崛起。

其实我们眼前所有的危局、所有的困境、所有解不开的结，都来源于我们信念系统的丧失。

让我们一起重构信念，做一个有担当的创业者。

07
战胜恐惧

新型冠状病毒突然袭来，让全球人民都处于恐慌当中。很多中小型企业，尤其是在服务业领域创业的中小型企业都受到了巨大的打击。

2020年开年本来应该是最旺的销售时刻，却顾客寥寥。贷款的压力、员工的工资、固定成本的摊销，这一层层打击袭来，让大家不知所措。

作为创业者面对这场危机时，多多少少都会有所担心。很多创业者甚至想到了关门歇业，重新回到打工的路上。

其实我们每一个人面对危机的时候，都会有这样的反应，让我们先看一看内在的恐惧是从何而来的？

我认为恐惧来源于三个方面。

第一，恐惧来源于对未来的不确定。

很多创业者对外部的信息接收太多、太杂，对于疫情的暴发、发展都有非常大的焦虑，尤其在听信了一些谣言后，对未来的不确定感会造成他内心的躁动，甚至会做出一些错误的决策。

第二，恐惧来源于骄傲和无知。

恐惧怎么会来源于骄傲和无知呢？因为人在骄傲的时候其表现是无所畏惧的。可是与它相反，从一个极端到另外一个极端，就是极度的恐惧。

当我们骄傲地认准一件事，对其他情况没有做好准备，没有 B 计划只有 A 计划的时候，一旦灾难来袭，你就无所适从了。

比如说你想开一家饭店，装修得很好，聘请了非常有名的大厨，做好了前期的准备，做了大量的营销工作，突然流行病暴发，没有客人了。你认为你的项目一定会成功，现在却一下子陷入了危机，是不是就有莫名的恐惧？

第三，恐惧的来源是自身没有做好充分的准备。

很多企业一味低头赚钱，不知道抬头望天，企业快速发展的时候，很多东西都没有准备好。

其实，创业者随着企业的快速发展，有的时候他自身能力不太够，当没有危机出现的时候还勉强应付得来，一旦危机出现，很多矛盾就暴露显现出来了，难免会让人产生焦虑与恐惧。

那么我们如何战胜恐惧？如何能做到不惧怕、不恐惧呢？我想无非从以下几个方面着手：

1. 保持谦卑与敬畏。

大多数人年轻的时候认为人定胜天，但创业之后会发现真的是世事无常。所谓谋事在人,成事在天,真是有很多不确定的事情。

所以,当我们做事情的时候,就要谦卑,要对大自然、对这个世界怀有敬畏之心。

当我们对大自然怀有敬畏的时候,我们的智慧就会帮我们战胜内心的恐惧。

2. 思想上的准备。

一个人对某个问题有了充分的认识,能够自圆其说,这是建立在他的信仰和价值观的基础上的。

中国的传统智慧对人的帮助很大,当你遇到压力和危机的时候,你去找《论语》《孟子》《大学》《中庸》读一读,如果你熟读典籍,你会知道孟子讲过,"天将降大任于斯人也,必先苦其心志,饿其体肤……",你的心里会得到安慰。

当一个人不懂哲学、没有价值观、没有信仰时,如果遇到压力,思想上自然是无助的,感到的就是绝望。

所以说思想上的准备非常重要,这样遇到危机时,你会有信仰来支撑。

3. 自我能力上的准备。

其实很多企业在遇到危机的时候,最好的办法是做内部的调整和管理,练好内功,蓄势待发。

在2003年"非典"肆虐的时候,其实正酝酿着另外一场产业革命,有一个新的产业突然兴盛——消杀产业,简单来讲就是民用消毒用品产业。

因为疫情之后大家更注重的是个人的卫生，消杀比以前要严格很多倍，所以这个产业迎来了兴盛的拐点。

我曾经有个客户是做石油化工行业的，具体做防腐探针产品的，坚持了七八年都没有什么大的进展，总是想改行。

幸好他跟一些学者在一起工作，学者告诉他，这个行业是有价值的，要坚持、要努力。

在他创业的同一时期，吉林化工厂发生了爆炸，就是因为没有解决好防腐的问题造成的，行业一下子出现了拐点，这个客户的防腐探针生意越来越好，一年之中把他几年投搭进去的成本全部赚回来了，而且事业也发展到了另一个高峰。

所以危机来临时，自我的准备非常重要。这个时候是我们审视自己、重塑流程、重建文化、不断加强自我能力准备的时候。

当我们有了准备，当我们思想上有了依靠，当我们信仰上更加坚定，当我们谦卑敬畏的时候，我相信我们就一定能战胜恐惧。

未来我们会面临很多不一样的波折，面临不一样的打击，但是作为创业者，作为芸芸众生中最坚强的群体，我们更应该有担当，更应该有信念。

让我们一起来战胜恐惧，一起来承担自己的责任。

有创业者在，这个世界并不可怕。

08
在困境中，我们选择希望

新冠肺炎疫情的出现让很多中小企业面临灭顶之灾。那么在这困难的日子里，中小企业又有哪些希望呢？

我想用电影《飞驰人生》里面的一句经典台词来开始这个话题："当一个人对自己失去信心的时候，他才真的过时了。"

企业也是一样的，在抵御经济危机时依然可以有很多竞争优势，你需要坚持以下三点，然后相信自己，相信希望，相信困难总是会过去的。

第一，决策靠效率。

小企业有一个得天独厚的优势，就是更加灵活。灵活是什么？就是不固执，随机应变，在决策上更有效率。这个效率可以体现在价格调整、产品组合调整和创新等各个方面。

回顾历史，很多大企业都是从小企业发展起来的。当企业小到只能经营单一产品的时候，往往能抓住机遇，随着时代发展，不断找到自己的方向。如新希望集团，从创业初期的单一饲料产业，逐步向上下游延伸，成为集农、工、贸、科一体化发展的大型农牧业民营集团企业。

"台塑集团"也是由已故的"经营之神"王永庆从米店逐渐发展到塑胶石化大帝国的。

20世纪50年代初，台湾急需发展的几大行业是纺织、水泥、塑胶等工业，王永庆在经过考察走访后，看到了塑胶业在台湾经济发展阶段的巨大作用，于是快速决策，果断地投资创办台塑集团，终获成功。

大童保险服务公司是保险界的一家小公司，可就是这家小公司在新型冠状病毒流行不到一个月就快速反应，于2020年2月7日推出一款针对新冠病毒肺炎的保险新产品"爱无忧"，开售3天保额达到51亿元，业绩恢复了60%。

所以，当企业规模小的时候，一定要保持灵活性，活下来才是王道，要耐心等待机会的到来。

企业在变大之后，建立了完整的架构、体系、流程、系统后，标准化程度提高了，但也容易丧失活力，很难去跟随市场调整。正如我们熟知的曾经的胶卷巨头柯达和通讯龙头摩托罗拉等很多国际化的大公司，这些公司最早获得了行业相关专利技术，在市场发生变化时，本应是领先看到机会的那一位，但由于企业逐渐庞大的官僚体系，组织臃肿，牵一发而动全身，导致在新技术出现的时候不思进取，不懂创新，最后垮掉。

所以当危机来临的时候，企业的希望就是拥有灵活、敏捷、快速改变的能力。既需要保持灵活性，保持决策的效率，又不要墨守成规，不要逆潮流而动，这样你就会在黑暗当中看到光明。

第二，融资靠股权。

在企业经营当中，最痛苦的就是融资困难。小企业生存多依靠薄利多销，现金往往是企业的生命线，可银行往往嫌贫爱富，不愿意放贷，向社会资本举债时，利息至少10%，有的甚至超过20%。以贸易类的小企业为例，虽然利润相对稳定，但加上融资成本后就不怎么赚钱了，甚至会亏损。企业有很大负债的时候，过多的金融成本往往就是压垮骆驼的最致命的那根稻草。

所以，小企业在融资遇到困境的时候，应该多考虑用股权融资的方式解决经济问题，毕竟股权融资是没有利息和成本的，国家最近几年也在大力提倡。

股权融资首先是你要有可行的商业模式，简单来讲就是你知道如何赚钱，如何经营，要合理并符合逻辑。其次，要厘清现有的财务状况，资产、负债、现金、盈利状况要一目了然，对资金的需求与用途应简单易懂。再次，公司应拥有明确的管理制度及良好的治理结构，让股东对公司资金的使用过程放心。最后，要了解融资的次序，先从最亲近的人那里去融资，因为他们了解你，了解你企业的特点和盈利的可能性，再从朋友、同学到外部人员融资。由内而外进行融资是融资成功的重要保证，很多人都搞不清楚，导致有心无力。

股权融资既涉及外部资金，也要有内部团队激励。但是需要注意的是不要估值过高，如果估值过高融资就会很吃力。

股权投资的好处不言而明，对于投资者而言获得的分红利润一般远大于银行的固定存款收益。对于创业者在获得免费的资本进场的同时，也解决了资金流动的问题。

所以在公司财务方面，中小企业要抓住股权融资的机会，要看到股权融资的希望。

第三，销售靠勤奋与坚持。

当下用人成本越来越高，随之带来的收益日益减少，而这种情况会在危机时期更加突出。

创业者不见得比其他人聪明，但是可以比其他人更勤奋，比尔·盖茨创业的时候每天的工作时间在16个小时，苹果的创始人乔布斯创业时也在车库里每天工作12个小时以上。看看他们，我们只有用较长的劳动时间来增加收入。同时，由于小企业的组织架构层级相对较少，创业者的这种勤奋精神，也很容易感染到企业中的其他成员。

所以中小企业虽然会遇到很大的危机，但是就自身而言，它会有大企业无法比拟的竞争优势，勤能补拙，危机当中就一定会有希望。

我曾经问过一位从事跨境电商很成功的创业者他为什么创业。他的回答很简单:"我认为我会在这行成功。""褚橙"的创始人褚时健还在世的时候,也有记者问他如何能在逆境中站起来,他提到的最多的关键词便是耐心与希望。

最后送给大家法国著名作家大仲马的小说《基督山伯爵》一书中的一句话吧:

人类的一切智慧是包含在这四个字里面的:"等待"和"希望"!

图书在版编目（CIP）数据

通向管理自由之路：从 1 到 100 的管理实践 / 陈鑫著.
-- 北京：新世界出版社，2021.10
ISBN 978-7-5104-7337-1

Ⅰ.①通… Ⅱ.①陈… Ⅲ.①创业—企业管理 Ⅳ.
① F272.2

中国版本图书馆 CIP 数据核字（2021）第 191776 号

通向管理自由之路：从 1 到 100 的管理实践

作　　者：	陈　鑫
责任编辑：	贾瑞娜
责任校对：	宣　慧
责任印制：	王宝根
出　　版：	新世界出版社
网　　址：	http://www.nwp.com.cn
社　　址：	北京西城区百万庄大街 24 号（100037）
发 行 部：	（010）6899 5968（电话）　（010）6899 0635（电话）
总 编 室：	（010）6899 5424（电话）　（010）6832 6679（传真）
版 权 部：	+8610 6899 6306（电话）　nwpcd@sina.com（电邮）
印　　刷：	吉林省吉广国际广告股份有限公司
经　　销：	新华书店
开　　本：	880mm×1230mm　1/32　尺寸：145mm×210mm
字　　数：	200 千字　　　　　　　　印张：8.25
版　　次：	2021 年 10 月第 1 版　2021 年 10 月第 1 次印刷
书　　号：	ISBN 978-7-5104-7337-1
定　　价：	59.00 元

版权所有，侵权必究
凡购本社图书如有缺页、倒页、脱页等印装错误，可随时退换。
客服电话：（010）6899 8638